겟세마니의 예수

성시간을 위한 기도서

성시간을 위한 기도서

1964년 9월 5일 교회 인가
1939년 7월 17일 초판 1쇄 펴냄
1999년 12월 1일 개정 초판 1쇄 펴냄
2010년 2월 18일 개정 2판 1쇄 펴냄
2024년 2월 1일 개정 3판 1쇄 펴냄
2024년 3월 18일 개정 3판 2쇄 펴냄

편저자 · 이재현
펴낸이 · 정순택
펴낸곳 · 가톨릭출판사
편집 겸 인쇄인 · 김대영
편집 · 김소정, 강서윤, 박다솜
디자인 · 이경숙, 강해인, 송현철, 정호진
마케팅 · 안효진, 황희진

본사 · 서울특별시 중구 중림로 27
등록 · 1958. 1. 16. 제2-314호
전자우편 · edit@catholicbook.kr
전화 · 1544-1886(대표 번호)
지로번호 · 3000997

ISBN 978-89-321-1886-4 02230

값 10,000원

성경 · 전례문 ⓒ 한국천주교중앙협의회, 2024.

이 책은 저작권법에 의해 보호를 받는 저작물이므로 무단 전재와 무단 복제를 금합니다.
가톨릭의 모든 도서와 성물을 '가톨릭출판사 인터넷쇼핑몰'에서 만나 보실 수 있습니다.
http://www.catholicbook.kr | (02)6365-1888(구입 문의)

겟세마니의 예수

성시간을 위한 기도서

이재현 편저

가톨릭출판사

차 례

	성시간	7
제1장	겟세마니에서 성심이 받으신 고통	17
제2장	하느님께 버림받으신 예수님	37
제3장	어찌하여 저를 버리셨습니까?	52
제4장	뉘우치는 마음을 주님께서는 버리지 않으시리라	65
제5장	죽기보다 더한 고통을 받으신 예수 성심	78
제6장	이 마음을 보십시오	92

부록

성호경, 주님의 기도	106
성모송, 영광송, 사도신경	107
통회 기도, 봉헌 기도	108
예수 성심 호칭 기도	109
예수 성심께 천하 만민을 바치는 기도	112
예수 수난 기도	114
예수 성심 위로 기도	116
예수 성심이 받으신 모욕을 갚아 드리는 기도	118
예수 성심과 일치하여 바치는 봉헌 기도	120
겸손을 구하는 기도	125
예수 성심과 성모 성심께 바치는 봉헌 기도	127
다윗 임금의 통회 기도	130
밤 조배	133
묵주 기도	137
성모 찬송	147

성시간

✝

성시간聖時間은 우리 주 예수님께서 겟세마니에서 피땀 흘리시며 괴로워하신 고통의 신비를 진실한 마음으로 한 시간 동안 묵상하며 기도드리는 특별 신심 행위입니다. 그리고 묵상과 기도 중에 주님의 혹독했던 수난을 기억하며 예수님께 위로를 드리고, 성부의 의노義怒를 풀어 드리며, 죄인들을 위하여 하느님께 자비를 간구하는 시간입니다.

성시간의 핵심은 우리 주 예수님께 동정과 사랑, 속죄와 사죄의 마음을 드리는 데 있습니다. 성시간은 하느님께 가르침을 받는 시간입니다. 성시간을 거룩하게 행하는 사람은 사랑하는 법, 인내하는 법, 자신을 희생하는 법, 영원하신 하느님의 공의公義를 충족하게 하는 법을 배우게 됩니다.

예수님께서 겟세마니에서 피땀을 흘리시는 모습은 너무도 처절하고 비통합니다. 예수님께서 그처럼 처참하게 근심하시는 모습은 다른 어느 곳에서도 찾아볼 수 없습니다. 심란함도, 인간의 나약함도 느끼시며, 죽기까지 근심하셨습니다. 견디기 힘든 온갖 고뇌가 그분을 짓누르고, 하느님에게서조차 아무런 위로도 받지 못한 채 번민하시던 시간이었습니다. 장차 받으실 모든 괴로움이 예수님의 눈앞에 나타나 그분을 더욱 괴롭게 하였습니다. 게다가 예수님께서 사랑하시던 제자들에게까지 버림받는 아픔도 덮쳐 왔습니다.

죄! 그것이야말로 예수님께는 참을 수 없는 고통이었습니다. 거룩하신 분께서 죄를 보는 것은 말할 수 없는 고통입니다. 예수님께서는 죄를 가장 싫어하셨습니다. 그런데도 한 사람의 죄만이 아니라 전 인류의 죄를 맡아 지셨으니, 그 마음이 어떠하셨겠습니까! 예수님께서는 겟세마니에서 우리의 모든 죄를 당신의 죄처럼 맡아 지시고, 그 때문에 모욕을 당하셨습니다. 그리고 그분께서는 피땀으로 얼룩지셨습니다. 그분처럼 고뇌하고, 사랑에 목말랐던 이가 또 있을까요?

"아버지, 하실 수만 있으시면 이 잔이 저를 비켜 가게 해 주십시오. 그러나 제가 원하는 대로 하지 마시고 아버지께서 원하시는 대로 하십시오."(마태 26,39)

그때 예수님의 마음이 얼마나 괴로우셨는지 느껴 보기 위하여 예수님께서 마르가리타 마리아 알라코크 성녀에게 하신 말씀을 묵상합시다.

"나는 겟세마니에서 인간의 모든 죄를 짊어졌을 때, 하늘이나 땅에서 오는 그 어떤 위로도 받지 못한 채 완전히 버림받았던 바로 그때가 가장 고통스러웠다. 나에게 아무런 죄가 없음에도 의노의 쓰디쓴 잔을 마시게 하시며, 나의 아버지심을 잊은 듯 나에게 엄한 노여움을 드러내시는 지극히 거룩하신 하느님 앞에 나아가게 되었다. 그 당시 내가 당한 혹독한 마음의 고통을 이해할 사람은 아무도 없을 것이다."

예수님께서는 벗들에게 당신께서 겪으신 참혹한 고통을 기억하며 당신의 쓴 잔을 나누고 당신 곁에서 사랑과 위로, 감사의 예를 행하라고 부탁하셨습니다.

이처럼 예수님과 함께 대화하며 기도하는 것이 바로 '성시간'입니다. 성시간은 참으로 훌륭한 신심 기도입니다. 1673년부터 1675년까지 예수님께서 친히 마르가리타 마리아 알라코크 성녀에게 발현하시어 이 기도 방법을 가르쳐 주셨습니다. 성녀는 상상하기조차 어려운, 아름답고도 장중한 예수 성심의 현시顯示와 의미심장한 교훈의 말씀을 우리에게 전해 주었습니다.

"어지신 주님께서는 찬란한 영광 속에 나타나셨는데, 그 빛나는 오상五傷은 다섯 개의 태양과 같았으며, 그 거룩한 몸에서는 불길이 솟아올랐습니다. 그중에서도 가장 흠숭하올 그분의 가슴은 불가마처럼 타오르고 있었습니다. 주님께서는 당신 가슴속을 여시고 사랑 덩어리인 당신의 성심을 보여 주셨습니다. 바로 그 성심이 맹렬한 불길의 진원지였습니다. 예수님께서는 저에게 당신 사랑의 형언할 수 없는 신비를 보여 주셨습니다. 그분께서는 인간에게서 배은과 멸시만 당하시고도 인간을 무조건적으로 사랑하십니다. 예수님께서는 이렇게 말씀하셨습니다.

'내가 받은 모든 고통 중에서도 가장 고통스러운 것은 사람들이 내 사랑을 배은망덕으로 갚는 것이다. 그들이 내 사랑에 보답한다면 나는 내가 받은 모든 형벌의 고통을 미소微少하게 여길 것이며, 할 수만 있다면 더한 것이라도 기꺼이 받겠다. 너만이라도 할 수 있는 한 그들의 배은망덕한 죄를 보속하여 내 마음을 기쁘게 해 다오.'"

성녀는 예수님의 간청하시는 말씀을 듣고 자신의 부족함을 예수님께 보여 드리며, 그분의 뜻대로 하기 위해서는 어떻게 해야 하는지 여쭈었습니다. 그러자 예수님께서는 당신 성심을 가리키시며 "자, 보아라! 여기에는 무엇이든지 다 있다. 네게 부족한 것을 모두 여기에서 구할 수 있을 것이다."라고 하셨습니다. 예수님께서 "자, 보아라!"라고 하실 때 그 성심에서 얼마나 맹렬한 불이 나오는지, 성녀는 자신이 그 불에 타

없어지는 줄 알았다고 했습니다. 예수님께서는 성녀를 더욱 격려하시며 말씀하셨습니다.

"내가 네 힘이 되어 줄 터이니, 아무것도 두려워하지 마라. 다만 나의 말과 계획을 이루기 위해 너를 준비시키는 일에 모든 정신을 집중하여라. 무엇보다도 먼저 순명의 범위를 벗어나지 않는 한에서 자주 영성체하여라. 또 매달 첫 금요일에 영성체하여라. 그리고 목요일 밤 11시 30분부터 12시 30분까지 한 시간 동안 너는 내가 겟세마니에서 당한 그 혹독한 근심 고통에 동참하게 될 것이다. 너는 곧 그것이 죽기보다 더 견디기 어렵다는 것을 알게 될 것이다. 너로서는 도무지 이해할 수 없는 고통일 것이다. 내가 그 당시 성부께 바친 겸손한 기도와 그때 당한 고통에 동참하기 위해 나와 함께 한 시간 동안 땅에 엎드려 죄인들을 위하여 자비를 빌고, 성부의 의노를 풀어 드리기 위하여 간구하여라. 나와 함께 한 시간도 깨어 있지 못하느냐고 책망하기까지 내가 맛보았던 고통, 제자들에게서 버림받았던 그 쓰라린 고통이 너에게 잦아들도록, 너는 내가 가르쳐 주는 대로 기도하여라."

이처럼 성시간은 예수님께서 당하신 고통의 신비에 참여하는 시간이며, 예수님과 함께 하느님의 뜻을 받들고 자신의 죄를 뉘우치고 보속하는 시간입니다. 그리고 무엇보다도 예수님께 사랑을 드리는 시간입니다. 자기 자신에 대한 애착을 끊고 희생을 바치며, 사람들이 예수님을 무관심하게 대하는 행동과 그들의 죄악을 대신 보속하는 시간입니다.

파레 르 모니알! 그곳은 성심의 학교며, 마르가리타 성녀가 성시간을 처음 시작한 곳입니다. 성녀는 예수님의 지시를 받은 후, 목요일 밤마다 한 시간씩 묵상과 기도로 겟세마니의 예수님께 흠숭과 사랑의 예를 올렸습니다.

성시간을 제대로 하려면, 우리 주 예수님께서 가르쳐 주신 대로 목요일 밤에 해야 합니다. 금요일이나 다른 날에 성시간을 하는 것도 물론 훌륭한 기도고 목요일의 성시간과 같은 은사를 받을 수 있지만, 엄밀히 말하면 그것은 우리 주 예수님께서 마르가리타 성녀에게 가르쳐 주신 바로 그 성시간은 아닙니다. 보다 완벽한 성시간을 하려면 성녀처럼 밤 11시 30분부터 12시 30분까지 해야 합니다. 하지만 교회는 교우들을 배려하여 매월 첫 목요일이나 첫 금요일 저녁 시간에 성시간을 가집니다.

성시간은 두 가지 형식으로 할 수 있습니다.

첫째는 공적으로 장중하게 성당에 모여 성체를 현시하고 하는 것이며, 둘째는 개별적으로 정신을 고요히 모을 수만 있다면 성당이나 경당, 가정 또는 직장, 공원이나 산, 자동차 등 어디서든지 할 수 있다는 것입니다. 가장 중요한 것은 한 시간 동안 중단하지 않고 예수 성심의 고통과 사랑을 묵상하며 주님과 함께 기도하는 것입니다.

예수님께서 수난하시기 전날 겟세마니에서 그토록 고뇌하신 것은, 수많은 영혼이 당신을 사랑하지 않을 것과 성체성사에서도 버림받고 홀로 고독하게 감실 안에서 지내실 것을 아셨기 때문이었습니다. 예수님께서는 당신 사랑을 억누르지 못하고 마르가리타 성녀에게 이렇게 말씀하셨습니다.

"목마르다! 사랑받고 싶어서 내 목이 타는구나!"

"내가 얼마나 사람들에게 사랑받고 싶어 하는지 네가 안다면 아무것도 아끼지 않을 것이다."

"내 성혈을 짓밟아 버리는 무수한 영혼들을 위해서 끊임없이 눈물로 하느님께 호소하여라!"

기도

주님, 저는 이 성시간으로 당신의 마음을 상하게 해 드린 죄를 보속하나이다. 당신께서 사랑받지 못하심으로써 받으시는 고통을 저도 함께 받겠나이다.

저는 당신 성심이 받은 고통을 깨달을수록 당신의 더욱 열렬한 사도가 되겠나이다.

주님, 당신의 뜻과 부르심에 응답하오며, 당신과 하나되어 당신 성심의 나라를 위하는 마음으로 성시간에 임하겠나이다.

깊은 밤, 당신의 희생에 제 희생도 함께 바치겠나이다. 쏟아지는 잠과 싸우며 당신을 언제나 뜨겁게 사랑하겠나이다. 설령 그것이 고통스러울지라도 당신을 사랑하는 마음으로 기꺼이 인내하겠나이다.

찬미하올 주님, 당신 은총에 의지하여 당신과 함께 한 시간 동안 깨어 기도하겠나이다.

저를 이토록 사랑해 주신 주님을 저도 사랑하기를 간절히 원하나이다.

실천 사항

1. 기쁜 마음으로 일주일에 한 번, 한 달에 한 번씩 성시간을 바치기로 결심하고 실천합니다.
2. 성시간을 널리 알려, 충실하고 열성적으로 사는 이들이 이를 꾸준히 실천하도록 권유합니다.
3. 성시간을 하는 동안 이 책의 부록에서 원하는 기도문을 선택하여 바칠 수 있습니다.

제1장

겟세마니에서 성심이 받으신 고통

✝

몸과 마음을 모아 성심의 말씀에 귀를 기울입시다.
예수님께서 마르가리타 성녀에게 말씀하셨습니다.
"내가 마음에 가장 큰 고통을 당한 곳이 바로 겟세마니다. 만민의 죄를 맡아지고서도 하늘에서나 땅에서 아무런 위로도 받지 못하고 버림받은 것이 수난의 모든 고통보다 더 어려웠다. 하느님께서는 나를 당신 의노의 희생으로 삼으시고, 마치 당신께서 나의 아버지심도 잊으신 듯 오로지 쓰디쓴 의노의 잔을 내게 마시게 하셨다. 내 무죄함을 헤아리지 않으시고 오직 당신 의노에 나를 담그셨다. 그때 내가 얼마나 크게 고뇌를 했는지 헤아릴 수 있는 피조물이 없으니, 이는 마치 죄인이 지극히 거룩하신 하느님의 심판 앞에서 어찌할 바를 모르는 것과 같았다."

"내가 마음에 가장 큰 고통을 당한 곳이 바로 겟세마니다."라고 하신 말씀을 깊이 묵상합시다. 온몸이 갈기갈기 찢어지고 뼈가 부서지도록 당하신 고통이 오죽하였겠느냐마는 예수님께서는 그보다도 겟세마니에서 당하신, 가슴이 터질 듯한 마음의 고통이 가장 견디기 어려웠다고 하셨습니다.

여기에서 잠시 영적인 눈으로 십자가의 예수님을 바라보며 우리를 위하여 혹독한 고통을 당하신 성심을 묵상합시다.

거짓이 없으신 진리의 하느님께서 당신이 겟세마니에서 당하신 고통이 얼마나 심했는지 이해할 피조물이 하나도 없다고 하셨으니, 얼마나 괴로우셨겠습니까? 영혼 육신의 모든 괴로움을 상상해 보아도 예수 성심께서 받으신 괴로움에 비할 것은 없습니다. 예수님께서는 나를 위하여 이런 괴로움을 스스로 원하여 받으셨건만, 나는 그 사랑을 사랑으로 갚지 못하고 오히려 배은망덕하였습니다. 우리가 지금, 여러 사람 앞에 큰 죄인으로 서게 된다면 얼마나 마음이 괴로울 것이며, 또 사형당할 시각이 임박했다면 얼마나 암담하겠습니까? 더구나 죄인의 몸이 되어 지극히 의로우신 하느님의 엄한 심판을 받게 된다면 얼마나 두렵겠습니까? 참으로 온몸이 녹아내리는 듯한 고통일 것입니다. 매 맞음, 조롱, 치욕, 십자가, 잔혹한 죽음, 사람들에게서 받는 무관심과 냉대, 미움과 박해……. 마르가리타 성녀에게 말씀하셨듯이, 예수님께서는 그중에서도 하느님의 심판 앞에 서 있는 죄인과 같았던 심정 때문에 가장 괴로워하셨습니다.

피땀이여, 예수님께서 흘리시는 피땀이여, 저희에게 말씀해 주소서!

온몸이 피땀에 젖은 채 엎드려 계신 예수님을 바라보며 묵상합시다.

신학자 보쉬에에 따르면, 우리 주 예수님께서 평소에 당신이 받으실 고난에 대해 말씀하셨을 때, 그분께서는 마치 그 고난의 순간을 간절히 기다리시는 것처럼 말씀하셨지만, 막상 심오한 섭리로 고난의 때가 닥쳤을 때에는 심신이 몹시 불안하여 평온치 못하셨습니다. 그분 또한 마지막 죽음의 길을 가실 때에는 죄인처럼 번민하셨던 것입니다. 그때까지는 마음의 불안을 모르시던 예수님께서 "지금 내 영혼이 혼란스럽다."라고 하시며, 이제 곧 하느님 앞에 죄인처럼 나가셔야 하는 현실에 몹시 괴로워하셨습니다.

그때 예수 성심은 공포와 근심으로 고통을 받으셨고 눈앞에 나타나는 수만 가지 고통이 예수님의 영혼까지 급습하여 그분께서는 숨이 멎을 듯한 극심한 고통으로 힘겨워하셨습니다. 얼마나 견디기 어려우셨으면, "아버지, 하실 수만 있으시면 이 잔이 저를 비켜 가게 해 주십시오."(마태 26,39)라고 하셨겠습니까!

예수님께서는 겟세마니에서 이처럼 참혹한 고통의 바다에 잠겨 계셨습니다. 인간의 모습으로 이 세상에 오셔서도 어려워하지 않으시고 우리처럼 사셨습니다. 수고와 모욕, 천대 속에 사시면서도 괴로워하지 않으셨습니다. 당신의 수난을 말씀하실 때에도 슬퍼하지 않으시고 오히려 그 수난을 목이 타도록 갈망하시는 듯하셨습니다. 그러나 때가 되어서는 견딜 수 없는 고통에 몸부림치시며 당신께서 그 시간을 비켜 갈 수 있도록 아버지께 간절히 기도하셨습니다.

오! 주님의 마음을 산란케 한 고뇌의 잔혹함이여! 주님의 마음은 한 점 위로도 받지 못한 채 답답하고 캄캄한 고뇌로 뒤덮여 있을 뿐이었습니다. 인간에게 버림을 받으시고 하느님께도 버림을 받으셨을 뿐 아니라, 인류의 파도 같은 모든 죄악이 그분을 덮쳐 거룩함 자체셨던 그분께서는 모욕을 참기 어려우셨습니다. 모든 사랑과 위로마저 거두신 하느님의 의노와 저주만이 그분께 쏟아져, 마치 발에 밟히는 먼지나 번개에 부러진 가련한 나무 같으셨습니다.

예수님께서는 세상 만물에게서 버림을 받으셨습니다. 심지어 특별한 사랑을 베풀어 주신 제자들에게까지도 배반당하시고, 가장 치욕스러운 십자가 형벌까지 받으셨습니다. 그것도 사랑하셨던 제자 유다 이스카리옷의 손에 의해 고난의 나락으로 떨어지셨으니, 참으로 예수님께서는 사람들의 모욕을 받고 비웃음거리가 되신 것입니다.

주님의 특별한 사랑을 받은 제자들이여! 당신들은 어찌 저렇듯 근심과 고통에 싸여 슬퍼하시는 주님을 홀로 버려두고 무심하게 잠만 자고 있습니까?

주님의 제자였던 유다 이스카리옷이여! 어찌하여 주 하느님을 짐승처럼 팔아넘겨 십자가에 못 박혀 돌아가시게 했습니까?

주님의 사랑을 받는 교우들이여! 우리도 무심히 잠만 자는 저 제자들이나 돈에 대한 욕심으로 자기 주님을 팔아넘긴 유다 이스카리옷과 같지는 않은지 반성해 봅시다. 우리가 하느님 공경에 무관심하고 냉정할 때마다 잠자는 제자들을 본받는 것이고, 죄를 지어 예수님을 악마와 바꿀 때마다 유다 이스카리옷을 따라 그분을 팔아넘기는 것입니다. 그는 은돈 서른 닢으로 예수님을 팔았지만, 그분을 악마와 바꾸는 우리는 얼마나 더 흉악합니까? 예수님의 사랑을 받는 교우들이여, 깊이 생각해 보십시오. 사랑의 주님이시고 은혜의 주님이시며 지극히 선하시고 거룩하신 예수님을 악마와 바꾼다는 것은 어떤 죄악입니까?

이렇듯 패악 무도한 우리를 사랑의 눈물로 기다리시며 맞아 주시는 한없이 깊고 넓은 예수 성심의 사랑이여! 우리에게 이런 죄악이 있더라도 우리 주님께서는 의노의 내색도 않으시고 온화하고 자애하신 모습으로 모든 것을 사랑으로 덮어 주시며, 우리가 어서 빨리 당신께 돌아오기만 바라고 계십니다.

무한한 사랑과 자비의 바다이신 예수 성심이시여! 당신을 사랑하고 찬미하며 당신께 의탁하고 간구하나이다. 많은 이들이 당신을 뜨겁게 사랑하게 하소서.

사랑의 임금이신 예수 성심이시여! 당신께 간청하오니, 저희의 기도를 들어주시고 저희의 죄를 용서해 주소서. 당신께서 이 세상에 계실 때 한평생 오직 사랑과 용서의 말씀 외에 다른 것들은 말씀하지 않으셨고,

은혜를 베푸시고 관대한 자비를 베푸시는 것 외에는 아무것도 모르셨습니다. 당신 성체와 성혈을 주시기까지 저희를 사랑하셨으니, 다시 그 사랑을 저희에게 기울여 주소서.

끝까지 저희를 사랑하신 예수님, 저희가 당신 사랑을 깨달아 알게 하시며, 세상 만민이 당신 성심께 돌아오게 해 주소서.

각자 자신의 죄와 인류의 죄를 슬퍼하며 많은 사람이 성심을 사랑하고 회개하도록 기도합시다.

저의 예수님, 사랑하올 저의 주님, 당신 성심을 통하여 당신의 살을 갈기갈기 찢은 채찍질과 당신의 머릿속 깊이 찌른 가시관, 당신 손발을 뚫은 쇠못을 바라보나이다.

예수님, 당신께서는 과연 예언자의 말씀처럼, 머리 끝에서 발끝까지 성한 데가 없으며 온몸에는 성혈이 낭자하나이다.

오, 무한한 사랑의 임금님! 당신의 비천한 종을 위하여, 당신 원수를 위하여 이렇게 되셨습니까? 제가 무엇이기에 이처럼 사랑하시나이까?

　예수님, 감사드리나이다. 제가 당신을 뜨겁게 사랑하게 해 주소서.

　예수님, 참으로 부끄럽습니다. 당신 몸에서, 당신 성심에서 이렇듯 잔혹하게 성혈을 흘리게 한 자가 바로 저입니다. 용서하소서. 저의 모든 죄악이 이런 흉악을 빚어내었나이다. 제가 저 악도들보다도 당신을 더 괴롭혔으며, 지금까지 저지른 죄악이 얼마나 당신 성심을 아프게 했는지 저는 잘 알고 있나이다. 당신을 사랑하고 당신을 즐겁게 해 드려야 할 제가 오히려 당신을 거역하고, 겟세마니에서 가슴이 터지는 고통을 당하신 당신 성심을 위로하기보다는 오히려 괴로움을 안겨 드렸나이다.

　이제 저는 당신 발 앞에 엎드려 당신의 무한하신 사랑을 모욕하고 저를 사랑하신 당신 성심을 아프게 해 드렸던 것을 반성하고 뉘우치나이다.

예수님, 지금부터는 모든 것을 버리고 진심으로 당신을 사랑하기로 굳게 결심하오니, 이 결심을 받아 주시고 이 결심을 실천할 수 있도록 도와주소서.

저의 하느님이시고 사랑이시며 전부이신 주님, 당신 성심을 위로하기 위하여 통회와 보속, 열렬한 사랑의 정을 절실히 느끼며 간청하오니, 이제부터 저의 숨이 다하는 마지막 순간까지 제가 저지른 모든 죄악을 뉘우치고 슬피 울 수 있는 통회의 눈물을 허락해 주소서.

예수님께 우리 마음을 모두 드립시다.

귀를 기울여 우리 주 예수님께서 마르가리타 성녀에게 부탁하신 말씀을 들어 봅시다. 예수님께서는 수난 전날 밤에 당하셨던 극심한 고통을 묵상하고, 당신께 흠숭을 드리기 위하여 목요일 밤마다 일어나 땅에 엎드려 주님의 기도와 성모송, 영광송을 각각 다섯 번씩 바치라고 하셨습니다.

우리 주 예수님께서 부탁하신 대로 성심의 부르심에 응하여 지체하지 말고 일어나 겸손한 마음과 통회, 그리고 보속의 마음으로 주모경(106~107쪽)을 바칩시다.

예수님께서는 또 다른 청원도 하셨습니다. 그분께서는 마르가리타 성녀에게 이르셨습니다.

"나는 매주 목요일 밤, 내가 겟세마니에서 받고자 한 죽음이나 다름없는 근심에 너를 참여케 할 것이다. 내가 근심과 번민 중에 성부께 바쳤던 기도에 동참하려면 너는 밤 11시 30분에 깨어 나와 함께 한 시간 동안 꿇어 엎드려 기도하며 죄인들을 위하여 하느님의 자비를 간구하여라. 제자들이 나와 함께 한 시간도 깨어 있지 못하고 나를 버림으로써 내 마음을 아프게 한 그 쓰라림을 단 얼마만이라도 덜어 주려면 너는 내가 가르쳐 준 대로 실천하라."

예수님께서 마르가리타 성녀에게 성시간을 부탁하신 것은, 겟세마니에서 당하신, 죽음보다도 견디기 어려운 근심과 고통을 맛보게 하시기 위함이었습니다.

비천한 인간으로서 예수 그리스도와 같은 고통을 받으며 그 성심을 위로한다는 것은 성녀에게 크나큰 특은이었습니다. 우리도 예수님을 따라 우리 죄와 형제들의 죄를 아파하고, 이 죄로 말미암아 저렇듯 고통을 받으시고 마음이 찢어져 터질 듯 괴로워하신 예수님을 위로해 드려야 합니다. 예수님의 벗으로 선택된 우리도 얼마나 그 마음을 아프게 했으며, 그 성심께 근심을 끼쳐 드렸습니까!

우리 마음을 예수님에게서 멀어지게 하는 모든 것들을 버리고 항상 정숙하고 용맹하게 지낼 것을 성심께 약속드립시다.

《준주성범》에서는 "완덕에 도달할 뜻이 있거든, 하느님을 두려워하며 살아야 하고, 너무 많은 자유를 쫓지 말고, 자신의 감정을 다스리고, 헛된 즐거움을 피해야 한다. 통회는 타락으로 잃어버린 축복이 들어오도록 문을 열어 준다. 자신의 귀양살이 처지와 자신의 영혼에 가해지는 많은 위험들을 깊이 생각하고 묵상하는 사람이 이 세상에서 완전하게 행복할 수 있다는 것은 참으로 놀라운 일이다."(1권 21장 1)라고 하였습니다. 그러므로 우리는 "깨어 기도하라."라고 하신 우리 주 예수님의 부탁을 생각하며 항상 몸과 마음을 모아 예수님과 일치하여 살면서, 그 성심의 애원하심을 받들어 실천하여 그분께 위로의 잔을 드려야 할 것입니다. 예수님께서 원하시는 것은 우리 자신의 성화와 사랑의 보답과 그분의 은혜를 저버리는 영혼들을 대신해서 보속하는 것입니다.

기도, 특히 성시간과 사랑의 실천, 고행으로 예수 성심을 위로해 드리며 이 신심을 실천하는 이가 점점 더 많아지도록 기도합시다.

성시간은 죄인들을 위하여 기도하는 시간입니다. 우리 주 예수님께서 먼저 우리의 모든 죄를 맡아 지시고 성부께 피땀을 흘리며 간구하셨으니, 우리도 그분을 따라 통회하고 보속하며 기도해야 합니다. 육신의 욕망을 따르지 말고 주님의 말씀을 따라서 살아야 합니다.

"주님, 용서하소서. 주님, 당신 백성을 용서하소서. 영원히 저희에게 의노하지 마옵소서."

주님의 사랑하는 벗이 되어 그 성심 안에 머물며 그분을 위로하는 이가 되고 죄인들을 회개하게 하는 이가 되려면, 다윗 임금이 한 말처럼 행실과 마음이 깨끗한 사람이 되어야 합니다. 의인만이 하느님의 엄한 의노를 막을 수 있기 때문입니다. 하느님께서 소돔과 고모라 등 죄악의 도시를 멸하려 하실 때에도 의인 열 명만 있으면 용서해 주시겠다고 하셨습니다. 보십시오. 하느님께서 의인에게서 어떤 위로를 받으시는지! 마치 의인을 보시면서 죄인의 악행을 잊으시는 것 같습니다. 여러분도 의인이 되고 싶지 않습니까? 하느님의 의노를 막는 데 의인이 이처럼 힘이 있으니, 다시는 죄짓지 말고 온갖 덕을 수련하여 영혼을 아름답게 꾸미며 항상 거룩하게 살아가도록 굳게 다짐합시다. 이런 사람은 틀림없이 주님 앞에 예수 그리스도처럼 화해의 희생 제물이 될 것입니다.

성시간은 제자들에게 버림을 받으시고 근심과 고뇌에 잠기신 예수 성심께 위로를 드리는 시간입니다.

항상 당신 가슴의 깊은 사랑을 기울여, 굶주린 이를 먹이시고, 병든 이를 낫게 하시며, 죽은 이를 다시 살리신 분이 예수님이십니다. 죄인을 불쌍히 여겨 너그럽게 용서하시며, 무수한 은혜를 베풀어 주신 분이 예수님이십니다. 그러나 그분께서는 모함을 받아 처형당할 시각이 가까웠으나 아무도 변호해 줄 이 없고, 오히려 당신께서 사랑으로 보살피신 당신 백성들의 입에서 "죽이시오, 죽이시오, 십자가에 못 박아 죽이시오."라는 고함 소리를 들으셔야 했습니다. 제자들을 비롯해 그 누구 하나도 주님을 돌보지 않고, 죽어도 같이 죽겠다고 맹세하던 베드로 사도까지 세 번씩이나 당신을 배반할 거라는 생각에, 당신의 마음은 참으로 쓰라렸을 것입니다.

이런 원통한 일을 당하시면서도 아무런 원망이나 노여움도 드러내지 않으시고, 순한 양처럼 모든 것을 참아 받으시며 저희에게 천국 문을 열어 주신 예수 성심이시여! 당신께 한없는 감사를 드리오며, 이제부터는 당신의 성심을 다시는 아프게 하지 않기로 결심하나이다.

사랑과 자애와 근심의 얼굴로 오시는 예수님을 미움의 얼굴로 멀리 쫓아 버리는 사람들은 깊이 반성하십시오. 예수님을 이렇게 박대하는 이유가 무엇입니까? 그분께서 우리에게 잘못하신 것이 도대체 무엇입니까? 우리에게 해를 끼친 원수들은 받아 주면서 우리에게 은혜를 베푸신 주님을 몰아내는 이유가 무엇입니까? 우리가 예수님의 사랑을 깨닫게 된다면, 우리의 배은망덕한 행동에 대해서 뼛속 깊이 통회해야 합니다. 우리 안에 예수님을 생각하는 마음이 얼마나 됩니까? 전혀 없는 것은 아닙니까?

우리가 지금 예수님을 대하는 것은 그 당시 제자들과 다르지 않습니다. 예수님께서는 우리 곁에 계시지만, 우리는 세속에서 잠만 자고 있습니다. 그분께서는 우리에게 "유혹에 빠지지 않도록 깨어 기도하여라." (마태 26,41) 하고 깨우쳐 주시지만 우리는 그 말씀을 못

들은 척하며 사리사욕과 세속과 악마의 소리에만 귀 기울이고 있습니다.

날마다 이런 모욕과 천대를 수없이 받으시는 예수 성심이시여, 당신 성심의 사도가 될 영혼들이 많이 나게 해 주소서. 예수님, 나의 사랑하올 예수님! 당신을 죽이라고 외치는 소리는 그때 빌라도 앞에서보다 오히려 지금 더 크게 들려옵니다. 이 소리는 '당신 신자들을 없애라, 당신 교회를 없애라, 당신 이름을 없애라.'는 소리, 모두 당신을 죽이라는 소리입니다.

그리스도를 배척하고 학대하는, 인간의 죄악이 이토록 포악무도하다는 것을 생각해 봅시다. 우리도 매일 이런 악을 저질러 예수님의 마음을 아프게 해 드렸습니다.

예수님께서 마르가리타 성녀에게 깊은 탄식과 비통한 심정으로 "너만이라도 나에게 위로의 즐거움을 다오."라고 부탁하신 말씀을 자주 묵상합시다. 그리고 성녀에게뿐만 아니라 우리에게도 하신 말씀으로 알고 그분께 위로의 잔을 드릴 수 있도록 힘씁시다. 우리는 먼지만도 못한 죄인이지만 주님께서 우리의 사랑을 원하시니, 그 무한한 자비에 감사드리며 모든 마음을 기울여 그분께 사랑을 드려야겠습니다. 예수님만을 생각하고 갈망하며, 모든 것을 예수님께 돌리고 그분을 지지하며, 그분의 거룩하신 뜻을 따라 우리를 희생하는 것을 기쁨으로 삼읍시다.

마침 기도

성령님, 이 시간에 저희를 밝히 깨우쳐 주시고 의지를 뜨겁게 해 주심에 감사드리나이다.

성심이시여, 이 시간 동안 분심과 잡념으로 열성 없이 보냄으로써 당신 마음을 아프게 해 드린 것을 용서해 주소서.

사랑하올 주 예수님, 무한하고 전능하신 주님, 겟세마니에서 당신의 종 천사에게서 위로받으신 것을 기억하시어, 비천한 죄인인 저희도 거룩한 생활로 당신을 위로하고자 당신께서 마르가리타 성녀에게 부탁하신 성시간을 지키려 하오니 저희를 받아 주소서.

저희는 당신께서 마르가리타 성녀에게 "내 성심에 자신을 온전히 봉헌하는 이는 멸망하지 않으리라." 하신 말씀을 굳게 믿고, 저희의 존재와 이에 속한 모든 것과 앞으로 당하고 행할 모든 것을 당신께 봉헌하나이다.

예수 성심이시여, 저희의 이 봉헌을 받아 주소서. 당신을 알아 사랑하고 공경하는 이가 많아질 수 있도록 저희의 모든 것과 생명과 행위와 저희가 받을 모든 고통, 특별히 모욕과 천대를 바치나이다.

저희는 이제부터 당신 성심께 합당치 않은 것은 아무리 조그마한 것이라도 모두 끊어 버리고, 당신께서 원하시는 것만을 실천하겠나이다.

사랑하올 예수님, 당신은 저희의 유일한 사랑의 대상이시고 저희 일생의 보호자시며, 저희 구원의 보증이시고 나약하고 항구치 못함의 치료약이시며, 죽을 때 안전한 피난처시나이다.

자애로우신 예수님, 성부의 심판 앞에서 저희를 보호해 주시고 성부의 의노를 막아 주소서.

사랑의 임금이신 예수 성심이시여, 죄 많고 나약한 저희는 온전히 당신께 의탁하나이다. 당신께 합당치 않은 것은 무엇이든 다 없애 주시고, 당신께서 원하시는 것은 무엇이든 저희가 다 실천하게 해 주소서. 당신을 잊지 않고 당신을 떠나지 않으며 당신 안에 머물러 살다가, 당신 성심 안에서 복되게 죽어 영원한 하늘나라에 들게 하소서. 아멘.

제2장

하느님께 버림받으신 예수님

✝

사랑하올 예수님, 저희는 당신께서 겟세마니에서 겪으신 죽음보다도 혹독했던 고난을 묵상하며 당신과 함께 한 시간 동안 함께 머물기 위하여 당신 앞에 나왔나이다. 이 한 시간을 당신께서 원하시는 사랑을 드리기 위하여 오롯이 바치오며, 당신 성심과 신심이 널리 전파되어 저희 죄와 세계 만민의 크나큰 죄를 보속하고, 죄인들이 회개하고, 세상을 떠난 영혼들, 그중에서도 가장 불쌍한 영혼들의 구원을 위하여 기도하나이다.

당신의 어머니시며 저희의 어머니신 원죄 없으신 성모 마리아와 당신의 충성스런 여종 마르가리타 성녀의 전구를 청하며 이 기도를 바치오니, 들어 허락하시어 강복해 주소서.

진리시며 사랑이신 성령님, 저희들이 지금 여기에 엎드려 예수 그리스도의 죽음과 수난의 고통을 묵상하며 그 성심을 위로하고자 하오니, 저희 정신을 비춰 주시고 저희 마음을 뜨겁게 해 주소서.

사랑하올 예수님, 당신께서 수난하시기 전날 밤 근심 중에 겟세마니로 제자들을 찾아오시어 "나와 함께 한 시간도 깨어 있을 수 없더란 말이냐? 유혹에 빠지지 않도록 깨어 기도하여라."(마태 26,40-41)라고 하시던 당신의 음성이 지금도 저희 귀에 사무쳐 울리나이다.

예수님, 저희는 깨어 기도하겠나이다. 당신 뜻대로 깨어 기도하며, 당신 성심의 비통한 탄식에 귀를 기울이겠나이다.

경애하올 예수님, 지금까지 제가 저지른 잘못과 열성 없는 신앙생활, 그리고 당신을 잊어버린 채 살아온 제 삶 때문에 당신 마음을 너무나 아프게 해 드렸나이다. 당신 성심을 찌르는 수많은 사람들처럼 죄를 지었고, 당신께 너무나 무관심하며 냉정하게 살아왔나이다. 그러나 지금부터는 겟세마니에서 당신을 위로하던 천사와 당신의 충실한 여종 마르가리타 성녀, 그리고 당신 성심의 사도가 된 모든 영혼을 본받아, 당신 성심을 위로하는 사도가 되겠나이다.

형제자매들이여, 눈을 들어 겟세마니를 바라봅시다. 이미 성심에 무서운 사랑의 상처를 받으신 예수님께서 깊은 근심에 잠겨 걸어가시고, 그 뒤에는 최후의 만찬에서 그리스도의 몸과 피를 받아 모신 사도들이 따라가고 있습니다. 양 떼가 목자를 따라가듯 지금은 모두 한마음 한뜻으로 따라가지만, 예수님의 마음은 벌써 고통으로 가득합니다. 유다 이스카리옷은 예수님을 넘기기 위하여 이미 자리를 떠났고, 다른 제자들도 곧 당신을 버리고 떠나갈 것을 알고 계셨기 때문입니다. 죽어도 같이 죽겠다던 베드로 사도의 입에서 나온 배반의 말마디는 어떤 날카로운 창보다 더 깊이 예수님의 가슴을 아프게 찌릅니다. 그분을 따르던 백성, 제자와 사도들, 그중에서도 으뜸으로 뽑으신 베드로 사도마저 배반할 것을 아셨던 예수님의 마음이 얼마나 애통하셨겠습니까! 얼마 전까지도 함께 음식을 나누던 유다 이스카리옷이 당신을 두고 흥정하는 모습을 보신 그 마음이 얼마나 슬프셨겠습니까!

사랑하올 예수님, 저를 그 빈자리에 있게 하시어 당신을 위로하는 사도가 되게 하소서. 당신의 원수들과 마주 앉아 당신을 놓고 흥정하는 배반자 유다 이스카리옷의 모습을 한 적이 많았던 저를 용서하여 주소서. 지금부터 새로운 사람이 되기로 굳게 결심하나이다.

겟세마니에서 근심 중에 계신 예수님을 잠시 묵상합시다.

예수님께서 겟세마니에 이르렀을 때 그분께서는 제자들을 산 아래에 있게 하시고 베드로와 야고보와 요한 사도만 데리고 산속으로 들어가셨습니다. 그리고는 그들을 조금 떨어진 곳에 두시고 홀로 더 들어가시어, 땅에 엎드려 기도하셨습니다. 그분께서 엎드리셨던 그 자리야말로 구세주의 피땀에 젖을 자리며, 그분께서 보내셨던 그 시간이야말로 천지창조 이래 아무도 당해 보지 못했고 또 이후로도 다시없을 고통의 시간이었습니다. 죽기보다 더한 괴로움을 당하시며 고뇌하시는 예수 성심을 묵상합시다.

예수님께서는 근심이 극에 달하신 나머지 혈관이 터져 피가 흘렀으며, 그 입에서는 "내 마음이 너무 괴로워 죽을 지경이다." 하고 탄식이 흘러나왔습니다. 그리스도의 입에서 죽을 지경이라고 하실 만큼 그 마음을 아프게 한 고뇌는 어떠했겠습니까? 홀로 그토록 괴로워하신 예수님을 외면한 채 깨어 기도하라는 그분의 부탁마저도 외면한 제자들은 잠만 자고 있었습니다. "너희는 나와 함께 한 시간도 깨어 있을 수 없더란 말이냐? 유혹에 빠지지 않도록 깨어 기도하여라."(마태 26,40-41)라고 하신 말씀이 다 부질없었습니다. 임종을 앞두고 부르는 부모의 목소리를 듣고도 무심히 잠자는 자녀와도 같았습니다. 예수 성심께서 얼마나 서운하셨겠습니까!

우리는 어떻습니까? 우리는 성심의 소리에만 무심

할 뿐 아니라 그 성혈에까지 무심하고 냉정하지는 않습니까? 미사 때 주님 성혈의 소리를 들으면서도 감동과 사랑이 없는 것은 제자들의 무심함과 냉정함보다 더한 것입니다.

사랑하올 주 예수님, 지금까지 저희의 모든 잘못을 용서해 주소서. 이제부터는 당신께 더욱 충실하고 당신 성심을 위로해 드리는 사도가 되겠나이다.

주님, 당신 사랑과 진리가 명백히 드러난 오늘날에도 잠자던 사도들을 본받는 이가 많고, 유다 이스카리옷을 본받는 이는 더욱더 많습니다. 유다 이스카리옷이 당신을 팔아넘기고 받은 것은 은돈이었으나, 오늘날 우리 중에는 당신을 악마와 바꾸고자 하는 이들도 있습니다.

우리는 반성해야 합니다. 우리 주 하느님을 세상 사물과 비교하는 것도 용서받지 못할 죄악인데, 죄를 저질러 우리 마음에서 예수님을 내몰고 악마를 받아들이는 것은 예수님을 악마만도 못하게 여기기 때문입니다. 우리를 떠나지 않으시려고 우리에게 애원하시는 예수님의 소리를 못 들은 체하고 예수님을 내쫓아서야 되겠습니까?

'예수 성심이 받으신 모욕을 갚아 드리는 기도'(118쪽)를 바칩시다.

지극히 거룩하신 예수 성심이시여, 저희에게 자비를 베푸소서.

지극히 거룩하신 예수 성심이시여, 당신의 나라를 세우소서. (오상 공경의 뜻으로 다섯 번)

원죄 없으신 성모 성심이시여, 저희를 위하여 빌어 주소서. (세 번)

성 요셉, 저희를 위하여 빌어 주소서.

성녀 마르가리타 마리아 알라코크, 저희를 위하여 빌어 주소서.

예수님께서는 전능하신 하느님이시기에 말씀만으로 천사와 우주와 인류를 창조하셨고 모든 생물에 생명을 주셨으며, 만물에 법칙을 주시어 성장하고 운행하게 하셨습니다. 그리고 하늘과 땅, 지옥, 생명과 죽음, 유와 무에 모든 권한을 지니셨습니다. 그 의지는 무한히 강하여 꺾을 수 없습니다. 그분께서는 성부의 뜻을 받드는 것을 음식으로 삼으시고, 성부의 뜻을 위해서는 나약해지지도, 두려워하지도 않으셨습니다. 그러나 그분도 극심한 고뇌를 당하시던 그 시간 동안만은 "아이보다 더 약하셨습니다."(고농 주교)

예수님께서는 이때를 위하여 오셨다고 말씀하시며 "내가 고난을 겪기 전에 너희와 함께 이 파스카 음식을 먹기를 간절히 바랐다."(루카 22,15)라고 하실 정도로 갈망하고 계셨으나, 때가 차서는 "아버지, 아버지께서 원하시면 이 잔을 저에게서 거두어 주십시오."(루카 22,42) 하고 기도하시니, 그 근심과 고통이 얼마나 크셨는지 가히 짐작조차 할 수 없습니다.

이 잔은 쓸개가 가득하고 한없이 깊은 고통으로 채워졌으며, 죄를 미워하시고 싫어하시는 당신의 마음과 의노가 배어 있습니다. 당신께서 받으신 그 잔은 소중한 제자였던 유다 이스카리옷이 당신을 저버리고 원수들에게 팔아넘기는 흉악함을 보이고, 군사들에게 폭행당하고 군중 앞에서 조롱받으며, 가장 사랑하는 베드로 사도에게 배반당하고, 카야파라는 대사제에게 모욕당하며, 헤로데와 백성들의 조소거리가 되는 잔이었습니다. 십자가에 못 박아 죽이라고 아우성치는 백성들의 고함 소리를 듣고, 살인자이자 강도였던 바라빠보다도 못한 취급을 당하며, 결국 빌라도의 사형 선고로 십자가에 못 박히고 성부께 버림받아 죽는, 그런 잔혹함만 가득 차 있는 잔이었습니다. 눈앞의 이 모든 고통들로 기력이 다하신 예수님께서는 마침내 땅에 쓰러지시어 이 잔을 거두어 주시기를 성부께 간청하셨습니다. 그러나 당신 뜻대로가 아니라 오직 성부의 뜻대로만 이루어지기를 간구하셨습니다.

사랑하올 예수님, 당신 사랑에 보답하기 위하여 저를 온전히 당신께 바치오며, "너의 마음을 내게 다오."라고 하신 말씀에 순종하여 제 마음을 온전히 당신께 바치나이다.

예수님, 당신께서 그토록 혹독한 고통을 당하신 것

은 저희를 너무도 사랑하시어 저희를 영원한 죽음에서 건져 내어 저희에게 하늘나라의 영원한 생명을 주시기 위한 것임을 잘 알고 있나이다. 오, 주님, 저희는 당신께서 그 엄청난 고통 중에도 당신의 뜻을 버리시고 성부의 뜻에만 순종하신 것을 기억하며, 이제부터는 더욱 당신을 본받아 저희의 뜻을 버리고 당신 뜻만 따르겠나이다.

하느님의 뜻을 따르는 것이라면, 그것이 무엇이든 자신의 의지를 버리고 그분 뜻에 순명함으로써 우리 주 예수님을 기쁘게 해 드리기로 결심하고 노력합시다.

예수님께서는 전지전능하시고 전선全善하시면서도 당신의 뜻을 희생하시고 성부의 뜻에 순명하셨습니다. 그러나 우리는 무능하고 덕이 없으며, 교만하고 자만하며, 포악하면서도 우리의 본성적인 욕망과 생각을 고집하고 있으니, 참으로 부끄러운 일입니다.

예수님, 바르지 못한 이 모든 것을 바로잡아 주소

서. 죄인의 죽음을 원치 않으시고 회개하여 살기를 원하시는 예수 성심이시여, 지난날의 모든 잘못을 용서해 주소서. 당신께서는 겸손하고 뉘우치는 마음을 즐겨 받으시니, 저희도 겸손하게 뉘우치며 저희 마음을 바치오니, 자애로이 받아 주시어 영원히 당신 것으로 삼아 주소서.

"말씀하십시오. 당신 종이 듣고 있습니다."(1사무 3,10) 저희도 지금 당신 앞에서 당신의 거룩하신 뜻만을 따르기로 약속하오며, "아버지의 뜻이 하늘에서와 같이 땅에서도 이루어지소서."라고 할 때마다 이 약속을 새롭게 기억하겠나이다.

특별한 지향을 갖고 '주님의 기도'(106쪽)를 한 번 바칩시다.

"우리 주 예수님의 혹독한 고통은 영혼뿐만 아니라 육신에까지 미쳐, 무거운 짐에 짓눌리듯 다리는 떨려 몸을 지탱하지 못하고, 눈은 기운 없이 풀려 죽음을 맞는 이와 같으며, 손은 의지할 곳을 찾으나 찾지 못합니다. 이렇듯 참혹하신 예수님께서는 극심한 고통으로 땅에 쓰러지시어, 피땀이 온몸을 적시고 피눈물은 땅을 적셨습니다. 오, 잔혹한 치명이여! 예수님께서는 행인의 발에 차이는 먼지와 같으셨습니다. 성난 풍파가 그분을 덮쳐 휩쓸고 지나가며 짓밟았습니다."(고농 주교)

우리는 참혹한 지경에 처하신 예수님을 바라보며 무거운 우리 죄와 세속 쾌락의 추악함을 깨달아야겠습니다.

가련하신 예수님, 저희는 부끄러워 차마 당신을 바로 뵈올 수가 없나이다. 예수님, 제 마음과 고통과 눈물을 당신께 바치오며, 당신 앞에서 그리고 당신 안에서 살고자 하오니 허락해 주소서. 예수 성심이시여, 저를 당신 안에 받아 주시고, 다시는 당신을 멀리하지 않게 하소서. 아멘.

예수 성심이시여, 당신의 나라를 세우소서. (다섯 번)

'임종을 앞둔 이와 죄인들의 회개를 위하여' 주모경(106~107쪽)

한 번, '매일 영성체, 성시간, 가정 봉헌으로 성심 공경이 전파되기 위하여' 주모경 한 번, '교회의 모든 성직자를 위하여' 주모경 한 번, '우리나라를 위하여' 주모경 한 번을 바칩시다.

마침 기도

성령님, 이 시간에 저희를 밝히 깨우쳐 주시고 의지를 뜨겁게 해 주심에 감사드리나이다.

성심이시여, 이 시간 동안 분심과 잡념으로 열성 없이 보냄으로써 당신 마음을 아프게 해 드린 것을 용서해 주소서.

사랑하올 주 예수님, 무한하고 전능하신 주님, 겟세마니에서 당신의 종 천사에게서 위로받으신 것을 기억하시어, 비천한 죄인인 저희도 거룩한 생활로 당신을 위로하고자 당신께서 마르가리타 성녀에게 부탁하신 성시간을 지키려 하오니 저희를 받아 주소서.

저희는 당신께서 마르가리타 성녀에게 "내 성심에 자신을 온전히 봉헌하는 이는 멸망하지 않으리라." 하신 말씀을 굳게 믿고, 저희의 존재와 이에 속한 모든 것과 앞으로 당하고 행할 모든 것을 당신께 봉헌하나이다.

예수 성심이시여, 저희의 이 봉헌을 받아 주소서. 당신을 알아 사랑하고 공경하는 이가 많아질 수 있도록 저희의 모든 것과 생명과 행위와 저희가 받을 모든 고통, 특별히 모욕과 천대를 바치나이다.

저희는 이제부터 당신 성심께 합당치 않은 것은 아무리 조그마한 것이라도 모두 끊어 버리고, 당신께서 원하시는 것만을 실천하겠나이다.

사랑하올 예수님, 당신은 저희의 유일한 사랑의 대상이시고 저희 일생의 보호자시며, 저희 구원의 보증이시고 나약하고 항구치 못함의 치료약이시며, 죽을 때 안전한 피난처시나이다.

자애로우신 예수님, 성부의 심판 앞에서 저희를 보호해 주시고 성부의 의노를 막아 주소서.

사랑의 임금이신 예수 성심이시여, 죄 많고 나약한 저희는 온전히 당신께 의탁하나이다. 당신께 합당치 않은 것은 무엇이든 다 없애 주시고, 당신께서 원하시는 것은 무엇이든 저희가 다 실천하게 해 주소서. 당신을 잊지 않고 당신을 떠나지 않으며 당신 안에 머물러 살다가, 당신 성심 안에서 복되게 죽어 영원한 하늘나라에 들게 하소서. 아멘.

제3장

어찌하여 저를 버리셨습니까?

✝

　우리 주 예수님께서 십자가 상에서 "어찌하여 저를 버리셨습니까?" 하고 외치신 말씀은 이미 죽음을 준비하시는 겟세마니의 그분 가슴속에서도 울려 퍼지고 있었습니다. 예수님께서는 홀로 고뇌하시고, 눈물을 흘리시며, 고통을 당하셨습니다. 고독하신 우리 주 예수님 곁에는 아무도 없었습니다.

　적막에 싸여 우시는 예수 성심이시여, 저희를 벗으로 삼아 주시어 당신 성심께 위로를 드리게 해 주소서. 주님, 진실한 마음과 깊은 겸손으로 간구하오니, 이 한 시간만이라도 당신을 떠나지 않고 당신 곁에서 위로의 벗이 되어 "어찌하여 나를 버렸느냐?"라고 하시는 말씀에 대답하게 해 주소서.

사랑하올 예수님께서는 겟세마니와 십자가에서뿐만 아니라 오늘날 성체성사에서도 벗들에게 버림받고 계십니다. 쾌락과 오락의 장소에는 사람들이 밀려들며 북새통을 이루고 있지만, 예수님께서 계시는 성당은 쓸쓸하기 그지없습니다. 예수님을 모시기 위하여 특별한 약속을 맺은 이들 중에도 예수님을 홀로 버려두는 이가 많습니다. 육신을 위하고 세속을 위해서는 자기의 의무를 버리고 돈을 쓰며 밤새우고 무수한 시간을 허비하지만, 예수님을 위해서는 단 15분도 아까워합니다. 우리에게 생명을 주신 예수님을 위해서는 집을 떠날 수도 없고 친구를 버릴 수도 없으며, 일을 그만두거나 재물을 사용할 수도 없다고 합니다.

예수님께서는 우리를 위하여 당신 삶을 희생하시고 당신의 몸과 피까지 아낌없이 다 주셨는데, 우리는 예수님께 왜 이리도 인색합니까? 왜 예수님 찾아뵙기를 싫어하고 예수님께서 청하시는 것도 거절합니까? 예수님께서는 우리의 벗이 되시려고 감실 안에 계시면서 우리를 부르시는데, 왜 우리는 알아듣지 못합니까? 주님의 집은 쓸쓸하고 왕래가 없으며 감실 주위에는 먼지만 가득합니다. 예수님께서는 우리에게 하루에도 몇 번씩 "어찌하여 나를 버려두느냐?"라고 말씀하십니다. 예수님께서는 낮이나 밤이나 감실 안에 홀로 계십니다.

"그분께서 당신 땅에 오셨지만 그분의 백성은 그분을 맞아들이지 않았다."(요한 1,11)라고 하신 말씀과 같이, 예수님께서는 내내 버림만 받고 계십니다. 처음 세상에 나실 때에도 그러하셨고, 겟세마니와 골고타에서도 그러하셨으며, 오늘날 감실 안에서도 그러하십니다. 어제까지도 예수님께 환호하며 그분을 영접하던 백성들은 사나운 짐승을 잡으려는 듯이 예수님을 박해하고 있습니다. 참으로 비정하게도 "죽여라, 십자가에 못 박아라, 그 이름을 없애라, 그 자녀들을 멸하라."라고 외칩니다. 이렇게 그분께서는 모든 사람이 미워하고 싫어하며 배척하는 분이 되셨습니다. 우리를 찾아오신 주님을 어찌하여 그렇게 대접합니까! 얼마나 모질고 악하면 저렇듯 불쌍하신 예수님께 우리까지 슬픔을 끼쳐 드립니까!

유다 백성이여, 하느님께서는 그대들을 특별히 선택하시어 당신 백성으로 삼으시고 광야에서 만나를 내려 먹이시며 원수의 손에서 구해 내시고 한없는 사랑을 베풀어 주셨건만, 어찌하여 그대들을 구원하러 친히 오신 구세주를 거슬러 몽둥이와 주먹을 들고 일어납니까? 항상 사랑과 자비를 베푸신 것 외에 그분께서 잘못하신 것이 무엇이기에 그분을 죽이려 합니까?

교우들이여, 우리는 만나뿐만 아니라 그리스도의 성체와 성혈까지 받아먹고도 무엇이 부족하여 그분께 불손하고 불평하며 그분을 배척합니까? 우리의 뜻대로 되지 않는다고 하느님에 대한 신뢰를 저버리고, 기도와 봉사에 소홀하며, 신앙생활에 열성이 없고, 하느님을 원망하며, 하느님의 사랑에 어긋나는 언행을 하고, 분노할 때마다 예수님을 원망하고 배척합니다.

예수님께서는 언제나 고독하셨습니다. 이 세상에

오실 때에도 고독하셨고, 평생 고독하게 사셨습니다. 겟세마니에서도, 빌라도와 헤로데 앞에서도, 악당의 무리 가운데서도 홀로 계셨으며, 심지어 골고타 십자가 위에서 성부에게까지 버림을 받으시고 고독하셨습니다. 오늘날에는 성체성사에서 고독하게 버림을 받고 계십니다.

우리를 위하여 이 모두를 스스로 원하여 받으셨고, 쓰디쓴 잔을 마지막 방울까지 다 받으신 사랑하올 예수 성심이시여, 당신을 흠숭하고 당신께 감사드리며, 당신을 사랑하나이다. 당신께서 기진하시어 시체와 다름없이 땅에 쓰러져 계신 모습을 뵈오며, 부끄럽고 마음이 찢어지는 듯하여 어찌할 바를 모르겠나이다. 이 모든 것이 우리를 위한 뜨거운 사랑 때문임을 잘 아옵니다. 예수님, 제가 무엇이기에 당신 자신보다도 저를 더 귀중하게 돌보시나이까? 저는 미천한 피조물이며 당신을 팔아넘긴 원수입니다. 이런 원수를 위하여 저 독한 잔을 받아 마셨나이까?

사랑하올 예수님, 감사하나이다. 저도 지금부터 당

신을 위하여 제 모든 것을 희생하겠나이다. 당신을 제 영혼 육신보다, 생명보다, 명예보다 더 사랑하겠나이다. 모든 것을 버리고 당신만을 따르겠나이다. 당신을 사랑하기 위해서 세속을 떠난 듯이 살겠나이다.

경애하올 예수님, 저희를 영원한 죽음에서 구원하시고자 저 참혹한 괴로움을 당하시면서도 당신 자신은 조금도 생각지 않으시고 성부께서 뜻하신 대로 이루어지기만을 바라신 것을 기억하며, 저희도 당신의 뜻만을 찾으려 하겠나이다.

예수님, 전에는 저도 유다 이스카리옷처럼 당신을 팔아넘기기도 하고 베드로 사도처럼 당신을 배반도 하였습니다. 그러나 오늘부터는 결코 그런 일이 다시는 없도록 주의에 주의를 더하겠나이다. 보다 더 자주 감실 앞에 무릎을 꿇으며, 당신을 고독하게 버려두지 않고, 죄를 멀리하겠나이다. 예수님, 저희를 성심의 열렬한 사도가 되게 해 주소서. 기도와 희생으로 당신의 사랑을 전하는 사도가 되게 해 주소서.

예수 성심이시여, 당신의 나라를 세우소서. (다섯 번)

'예수 성심이 받으신 모욕을 갚아 드리는 기도'(118쪽)와 '예수 성심께 천하 만민을 바치는 기도'(112쪽)를 바칩시다.

형제자매들이여, 우리 주 예수님께서는 베들레헴에서 골고타까지, 골고타에서 오늘 제단에 이르기까지, 모욕과 천대, 미움과 박해를 받지 않으신 적이 없습니다. 우리 주 예수님께서 당신의 생명까지 내놓으시면서 가르쳐 주신 영원한 생명의 진리를 부인하고 어리석은 우화로 취급하며 내치는 사람이 얼마나 많습니까! 흠숭하올 성삼위聖三位와 사랑의 성사, 성모님 그리고 성인 성녀에 대해 얼마나 많은 사람들이 무시하며 비웃고 있습니까! 피를 쏟으시며 가르쳐 주신 사랑의 말씀을 저리 취급하는 사람들의 비정함은 그뿐이 아닙니다. 교회의 품에서 자녀들을 끌어내고 교회에 들어가려는 이를 방해하며, 예수님께 헌신하는 이들을 박해하고, 죽어 가는 이에게 병자성사를 주지 못하게 가로막는 사람들이 얼마나 많습니까!

우리에게 가장 많은 사랑을 베풀어 주시는 예수님께는 크고 많은 원수들이 있습니다.

육신과 재물을 위해서는 늦게 잠들고 일찍 일어나지만, 예수님을 위해서는 그와 반대로 일찍 잠들고 늦게 일어납니다. 세속과 마귀와 육신을 위해서는 마음이 관대하고 후하나, 예수님을 위해서는 인색하기 그지없습니다. 가장 먼저 생각해야 할 예수님을 가장 나중에 생각하거나, 아예 잊어버리는 것이 다반사입니다. 가장 우선적으로 생각해야 할 것을 가장 나중에 생각하고, 가장 많이 사랑하여야 할 분을 가장 적게 사랑합니다. 이런 우리를 보시는 예수님의 마음은 얼마나 섭섭하시겠습니까! 우리는 모든 것을 다 주신 예수님께 이렇게 나약하고 무례하게 굴고 있습니다.

예수님께서는 "네 마음을 다하고 네 영혼을 다하고 네 힘을 다하여 나를 사랑하여라. 너의 마음을 내게 다오. 마음을 나누지 말고 온전히 내게 바쳐 다오. 나는 너에게 모든 것을 다 주었다. 교회도, 어머니도, 내 생명도, 피와 살까지도 남김없이 모두 주었다. 진정 남김없이 모두 다 주었다. 그 대신 너는 너의 마음을 온전히 내게 다오. 바치면 바칠수록 이롭고, 해로울 것은 아무것도 없다."라고 애원하십니다. 우리가 예수님을 조금이라도 사랑한다면 그 말씀을 거절할 수 없을 것입니다. 보잘것없는 우리의 사랑을 목말라하시며 끊임없이 다가오시는 예수 성심의 깊은 사랑을 묵상합시다.

'예수 성심과 일치하여 바치는 봉헌 기도'(120쪽)를 바칩시다.

예수 성심이시여, 저희는 지금 당신 앞에 엎드려 모든 것을 당신께 봉헌하고, 결코 당신을 떠나지 않으며 당신을 버리지 않는 벗이 되기로 굳게 약속하나이다. 그리고 다른 사람이 저지른 배은망덕함까지 보속하려하나이다.

자애로우신 예수님, 이 비천한 몸이라도 당신 외로움의 벗으로 삼아 주소서. 당신께 의탁하고 당신의 도움을 바라며 간구하오니, 이 결심을 실천할 모든 필요한 은총을 제게 내려 주소서. 아멘.

예수 성심이시여, 당신께 의탁하나이다. (아홉 번)

'임종을 앞둔 이와 죄인들의 회개를 위하여' 주모경(106~107쪽) 한 번, '매일 영성체, 성시간, 가정 봉헌으로 성심 공경이 전파되기 위하여' 주모경 한 번, '교회의 모든 성직자를 위하여' 주모경 한 번, '우리나라를 위하여' 주모경 한 번을 바칩시다.

예수님, 당신 십자가의 승리를 믿나이다. (두 번)
예수님, 당신 성체의 승리를 믿나이다. (두 번)
예수님, 당신 성교회의 승리를 믿나이다. (두 번)
예수님, 당신 사랑의 승리를 믿나이다. (두 번)
예수 성심이시여, 그리스도의 적들을 다스리소서. (다섯 번)
예수 성심이시여, 당신의 나라를 세우소서. (다섯 번)
원죄 없으신 성모 성심이시여, 저희를 위하여 빌어

주소서. (세 번)

성 요셉, 저희를 위하여 빌어 주소서.

성녀 마르가리타 마리아 알라코크, 저희를 위하여 빌어 주소서.

마침 기도

성령님, 이 시간에 저희를 밝히 깨우쳐 주시고 의지를 뜨겁게 해 주심에 감사드리나이다.

성심이시여, 이 시간 동안 분심과 잡념으로 열성 없이 보냄으로써 당신 마음을 아프게 해 드린 것을 용서해 주소서.

사랑하올 주 예수님, 무한하고 전능하신 주님, 겟세마니에서 당신의 종 천사에게서 위로받으신 것을 기억하시어, 비천한 죄인인 저희도 거룩한 생활로 당신을 위로하고자 당신께서 마르가리타 성녀에게 부탁하신 성시간을 지키려 하오니 저희를 받아 주소서.

저희는 당신께서 마르가리타 성녀에게 "내 성심에 자신을 온전히 봉헌하는 이는 멸망하지 않으리라." 하신 말씀을 굳게 믿고, 저희의 존재와 이에 속한 모든 것과 앞으로 당하고 행할 모든 것을 당신께 봉헌하나이다.

예수 성심이시여, 저희의 이 봉헌을 받아 주소서. 당신을 알아 사랑하고 공경하는 이가 많아질 수 있도록 저희의 모든 것과 생명과 행위와 저희가 받을 모든 고통, 특별히 모욕과 천대를 바치나이다.

저희는 이제부터 당신 성심께 합당치 않은 것은 아무리 조그마한 것이라도 모두 끊어 버리고, 당신께서 원하시는 것만을 실천하겠나이다.

사랑하올 예수님, 당신은 저희의 유일한 사랑의 대상이시고 저희 일생의 보호자시며, 저희 구원의 보증이시고 나약하고 항구치 못함의 치료약이시며, 죽을 때 안전한 피난처시나이다.

자애로우신 예수님, 성부의 심판 앞에서 저희를 보호해 주시고 성부의 의노를 막아 주소서.

사랑의 임금이신 예수 성심이시여, 죄 많고 나약한 저희는 온전히 당신께 의탁하나이다. 당신께 합당치 않은 것은 무엇이든 다 없애 주시고, 당신께서 원하시는 것은 무엇이든 저희가 다 실천하게 해 주소서. 당신을 잊지 않고 당신을 떠나지 않으며 당신 안에 머물러 살다가, 당신 성심 안에서 복되게 죽어 영원한 하늘나라에 들게 하소서. 아멘.

제4장

뉘우치는 마음을 주님께서는 버리지 않으시리라

✝

　영혼의 눈을 들어 고통의 동산 겟세마니를 바라봅시다. 그곳에는 한 사람이 슬피 울고 있습니다. 그분은 바로 행복의 원천이시며 전능하신 우리 주 예수님이십니다. 우주 만물을 창조하시고 생사의 권한을 가지신 하느님께서 지금은 얼굴에 근심이 가득하고 죽은 사람처럼 창백하며, 피땀과 눈물에 젖어 계십니다. 예수님께서 저리도 슬프신 것은 우리 때문이며, 저 피땀과 눈물은 우리를 위하여 흘리시는 것입니다. 우리가 아니었다면 이 세상에 오지도 않으셨을 것이며, 이런 곤경을 당하지도 않으셨을 것입니다. 예수님께서 피

눈물을 흘리시기까지 근심하시며 우리를 사랑해 주셨건만, 우리는 그분을 위해서 눈물을 흘린 적이 없습니다. 예수님께서 흘리시는 저 핏방울마다 우리를 목말라하시는 무한한 사랑이 들어 있고, 우리를 영원한 죽음에서 구원하시려는 뜨거운 사랑이 끓고 있습니다.

주님, 저희가 무엇이기에 이토록 사랑하시나이까? 저희는 땅 위에 벌레요 먼지고, 당신을 배반한 원수며, 지옥 불에 떨어져 마땅한 죄인입니다. 지존하고 거룩하신 당신 앞에서 죄를 저질렀음에도 그 죄를 헤아리지 않으시고 오히려 사랑의 피와 눈물로 보호해 주시는 사랑하올 예수 성심이시여, 당신을 한없이 사랑하며 영원무궁토록 찬미드리게 해 주소서.

형제자매들이여, 예수님을 더 가까이 바라봅시다. 근심이 가득한 얼굴에는 피땀과 눈물이 흘러내리고, 온몸은 사형장에 끌려가는 죄수처럼 떨며 땅에 엎드려 성부를 찾고 계십니다.

근심이 너무도 혹독한 나머지 입 밖으로 소리 내어 성부를 찾으시는 예수님의 목소리를 들으며 묵상하고 고요히 '예수 성심과 일치하여 바치는 봉헌 기도'(120쪽)를 바칩시다.

영원하신 하느님 아버지, 가련하게도 온몸이 피땀에 젖어 땅에 쓰러져 계신 당신의 외아들 예수님을 보소서. 죄 없는 어린양께서 저희의 모든 죄악을 맡아 지시고 당신 앞에서 가장 큰 죄인으로 당신의 처분을 기다리시며, 오직 아버지의 뜻이 이루어지기만을 빌며 저희 죄 때문에 당신의 피를 대신 바치고 계시나이다.

하느님, 당신의 외아들 예수님께서 저희를 위하여 받으려 하신 고통을 보시고 저희의 간구를 들어주소서.

천사들도 감히 바라보지 못하는 그분의 머리는 이제 곧 악당들의 몽둥이에 맞아 터지고 가시관에 눌려 찢어질 것입니다. 그 존엄하신 얼굴은 사람들이 조롱하며 뱉은 침으로 더러워지고, 악당들의 손에 할퀴어 눈에는 피와 땀이 고여 있으며, 입은 비뚤어지고 뺨은 부어오릅니다. 가슴은 채찍으로 맞아 갈빗대가 드러나도록 해어지고 온몸은 멍이 들어 검푸르며 살갗은 산

산이 찢어질 것입니다. 무릎은 깨지고 머리카락은 피에 엉겨 붙어 뽑히고 흩어지며, 팔과 다리는 끊어지도록 당겨지고 힘줄은 늘어나고 뼈는 물러날 것입니다. 손발은 굵은 쇠못에 마구 뚫릴 것이며, 심장은 창에 찔려 온몸은 어느 한 곳도 성한 데가 없을 것입니다.

하느님 아버지, 이 참혹한 희생을 받으소서.

당신의 외아들 예수님께서는 저희를 사랑하시어 저희를 대신해서 그렇게 되시기를 스스로 원하셨나이다. 이 사랑을 보시고 저희를 용서하시며 받아 주소서. 아무리 큰 죄악이라도 이런 사랑 속에 타 버리지 않을 죄가 있겠습니까? 저희를 위하여 피눈물을 흘리시며 당신을 죽이는 원수들을 위해서까지 "아버지, 저들을 용서해 주십시오. 저들은 자기들이 무슨 일을 하는지 모릅니다."(루카 23,34)라고 하신 그 아름다운 마음을 보시고 저희의 모든 죄악을 씻어 주소서. 저희는 당신께서 통회하고 겸손한 마음을 버리지 않으심을 믿고, 다윗 임금처럼 깊이 통회하며 겸손한 마음으로 당신께 간구하나이다. 저희의 모든 죄악과 허물을 용서해 주시기를 바라오며 당신 성자의 성심을 바치나이다. 저희의 교만을 꺾으신 주님, 저희도 겸손한 마음으로 지금까지 저지른 모든 죄를 뉘우치오니 받아 주소서.

- ○ 살아 계시고 거룩하시며 성부께 지극히 합당한 희생이신 예수 성심이시여,
- ● 저희를 위하여 성부께 빌어 주소서.
- ○ 우리 죄인의 구원자신 예수 성심이시여,
- ● 저희를 위하여 성부께 빌어 주소서.
- ○ 죽음에 이르도록 순명하신 예수 성심이시여,
- ● 저희를 위하여 성부께 빌어 주소서.
- ○ 모든 죄에서,
- ● 주님, 저희를 구하소서.
- ○ 영원한 죽음에서,
- ● 주님, 저희를 구하소서.
- ○ 예수 성심이시여, 당신 수난을 항상 기억하기를 청하오니,
- ● 저희의 기도를 들으소서.

○ 예수 성심이시여, 근심 중에 저희를 위로해 주시기를 청하오니,
● 저희의 기도를 들으소서.
○ 예수 성심이시여, 모든 위험에서 항상 기도하기를 잊지 않게 해 주시기를 청하오니,
● 저희의 기도를 들으소서.
○ 겟세마니에서 유혹에 빠지지 않도록 말씀과 표양으로 기도하기를 가르치신 예수 성심이시여,
● 저희가 항상 기도에 전념하여 풍성한 은총을 받게 하소서.

예수 성심이시여, 저희는 비록 부당한 죄인이오나, 당신 성심의 한없는 사랑을 믿고 당신 품에 달려들어 저희 일생의 모든 잘못을 슬피 뉘우치며 용서를 비오니, 영원하신 성부께 자비를 빌어 주소서.

당신께서 세상에 계실 때에 원수를 미워하지 않으심을 기억하시고 저희를 한 번만 더 용서해 주소서. 아무리 큰 잘못을 저질렀어도, 저희는 당신의 피조물이

고 당신 자녀며 당신 성혈로 구원하신 당신 백성이나이다. 주님의 사랑을 믿고 당신 성심께 달려들어 "나는 의인이 아니라 죄인을 부르러 왔다."(마태 9,13)라고 하신 당신 사랑의 말씀을 다시 생각하며 굳은 신뢰를 드리나이다.

사랑하올 예수님, 이제부터 한마음으로 제가 저지른 모든 죄악을 보속하겠사오며, 당신께서 마르가리타 성녀에게 세상 사람들의 죄악을 대신 보속하라 하신 말씀에 따라 다른 사람의 죄까지 보속하기로 결심하나이다. 앞으로 저희의 모든 생활을 당신 뜻에 합당하게 개선하고자 다짐하오니, 예수님, 저희에게 당신 성심과 일치하는 은총을 허락해 주소서.

세례를 받을 때 마귀와 세속과 육신의 모든 악을 끊어 버릴 것을 없어지지 않을 인호로 영원한 약속을 드렸지만, 저희는 불행하게도 저희의 이익과 영광만을 찾으며 어둠 속에서 살아왔나이다.

예수 성심이시여, 이제까지의 모든 허물을 당신 성심의 뜨거운 사랑의 불로 태워 주시며 당신 성혈로 씻어 정결하게 해 주소서.

예수님, 당신께서 사도들에게 "마음은 간절하나 몸이 따르지 못한다."(마태 26,41)라고 하신 말씀대로 저희 잘못이 많사오니, 저희를 도와주소서. 당신의 사도로서 참다운 생활을 하지 못한 것을 부끄러워하나이다.

무지한 제자들을 인내와 자애로 가르치신 예수님, 당신 성심을 두드리며 간구하는 저희에게 그 성심의 문을 열어 주시며, 사랑하올 어머니 성모 마리아의 손으로 저희를 받아 주시어 영원히 지켜 주소서. 예수님, 이 기도를 들어주시어, 당신 성심을 저희에게 보여 주소서.

사랑하올 예수님, 당신께서는 저희를 아버지의 정으로 사랑하시지만, 저희는 당신을 자녀로서 사랑하지 않았을 뿐 아니라 아무런 인연이 없는 사람처럼 당신을 대해 왔나이다. 어지신 아버지시며 풍부한 은총을 베푸시는 예수님, 저희의 이 배은망덕한 행위를 살피지 마시고, 오직 당신 성심 안에 바다같이 널리 들어 있는 무한한 사랑과 인내를 보소서.

성심이시여, 오로지 당신께 의탁하나이다. 당신을 떠나서는 갈 곳이 없나이다.

주님, 당신께서 저를 죽이신다 해도 당신의 충실한 종 욥과 같이 당신께 바라나이다. 가나안 여인이 "강아지들도 주인의 상에서 떨어지는 부스러기는 먹습니다."(마태 15,27) 하고 당신께 간청한 것과 같이 저희도 이런 믿음으로 당신께 간구하나이다.

경애하올 예수님, 오늘까지 참으로 저는 당신께 너무나 무정하였나이다. '마음을 달라.'고 수없이 호소하시는 당신의 목소리를 못 들은 체하며 살아왔나이다. 이제 당신 품에 저를 받아 주시기를 간청하는 것도 그지없이 부당하오나, 당신께서 한 말씀만 하시면 모든 것이 다 이루어질 것을 믿고 청하나이다.

살아 계신 하느님의 외아들 예수님, 엄한 판관이 되지 마시고 인자하신 구세주가 되시며, 저희의 상처를 사랑의 기름으로 발라 주시고, 인내의 붕대로 감싸 주시며, 당신 성심의 안전한 장막 속에 받아 주시는 착한 사마리아인이 되어 주소서.

- ○ 모든 위로의 샘이신 예수 성심이시여,
- ● 저희에게 자비를 베푸소서.
- ○ 저희를 위하여 고뇌에 싸인 예수 성심이시여,
- ● 저희에게 자비를 베푸소서.
- ○ 예수 성심이시여, 당신을 소홀히 여기는 마음과 행동에서,
- ● 저희를 구하소서.
- ○ 예수 성심이시여, 고통을 참지 못하는 마음에서,
- ● 저희를 구하소서.
- ○ 예수 성심이시여, 언제나 당신께 충실할 수 있기를 간구하오니,
- ● 저희의 기도를 들으소서.
- ○ 예수 성심이시여, 마음을 다하여 당신과 함께 깨어 기도할 수 있기를 간구하오니,
- ● 저희의 기도를 들어 허락하소서.
- ○ 예수 성심이시여, 당신을 소홀히 여기는 사람에게 자비를 베풀어 주시기를 간구하오니,
- ● 저희의 기도를 들어 허락하소서.

◎ 사랑하올 예수님, 이제 제 마음과 제 모든 것을 당신께 봉헌하오며, 당신의 인자하심을 영원히 찬미할 이를 많이 내고자 하나이다. 당신 성혈로 조촐치 못한 저를 씻어 주시고 당신의 보배로운 성심을 여시어 저를 부요하게 해 주신 예수님, 당신을 흠숭하고 당신께 감사드리며 당신의 사랑의 상처에 입을 맞추나이다.

'겸손을 구하는 기도'(125쪽)를 바칩시다.

마침 기도

성령님, 이 시간에 저희를 밝히 깨우쳐 주시고 의지를 뜨겁게 해 주심에 감사드리나이다.

성심이시여, 이 시간 동안 분심과 잡념으로 열성 없이 보냄으로써 당신 마음을 아프게 해 드린 것을 용서해 주소서.

사랑하올 주 예수님, 무한하고 전능하신 주님, 겟세마니에서 당신의 종 천사에게서 위로받으신 것을 기억하시어, 비천한 죄인인 저희도 거룩한 생활로 당신을 위로하고자 당신께서 마르가리타 성녀에게 부탁하신 성시간을 지키려 하오니 저희를 받아 주소서.

저희는 당신께서 마르가리타 성녀에게 "내 성심에 자신을 온전히 봉헌하는 이는 멸망하지 않으리라." 하신 말씀을 굳게 믿고, 저희의 존재와 이에 속한 모든 것과 앞으로 당하고 행할 모든 것을 당신께 봉헌하나이다.

예수 성심이시여, 저희의 이 봉헌을 받아 주소서. 당신을 알아 사랑하고 공경하는 이가 많아질 수 있도록 저희의 모든 것과 생명과 행위와 저희가 받을 모든 고통, 특별히 모욕과 천대를 바치나이다.

저희는 이제부터 당신 성심께 합당치 않은 것은 아무리 조그마한 것이라도 모두 끊어 버리고, 당신께서 원하시는 것만을 실천하겠나이다.

사랑하올 예수님, 당신은 저희의 유일한 사랑의 대상이시고 저희 일생의 보호자시며, 저희 구원의 보증이시고 나약하고 항구치 못함의 치료약이시며, 죽을 때 안전한 피난처시나이다.

자애로우신 예수님, 성부의 심판 앞에서 저희를 보호해 주시고 성부의 의노를 막아 주소서.

사랑의 임금이신 예수 성심이시여, 죄 많고 나약한 저희는 온전히 당신께 의탁하나이다. 당신께 합당치 않은 것은 무엇이든 다 없애 주시고, 당신께서 원하시는 것은 무엇이든 저희가 다 실천하게 해 주소서. 당신을 잊지 않고 당신을 떠나지 않으며 당신 안에 머물러 살다가, 당신 성심 안에서 복되게 죽어 영원한 하늘나라에 들게 하소서. 아멘.

제5장

죽기보다 더한 고통을 받으신 예수 성심

✣

우리 주 예수님께서 마르가르타 성녀에게 말씀하셨듯이, 그분께서 마음에 가장 큰 고통을 당하셨던 곳은 겟세마니입니다.

예수님께서는 하늘에 계신 성부께도 버림을 받고 세상 만물에게도 버림받으셨습니다. 아무 위로 없이 당하신 마음의 고통이 수난의 모든 고통보다 더하였으며, 그 고통을 이해할 피조물이 없다고 마르가리타 성녀에게 이르셨습니다.

고통 중에서도 가장 큰 고통은 마음이 부서지는 고통이며, 육신의 생명인 영혼이 괴로워하는 고통입니다. 예수님께서는 바로 이런 고통을 당하셨습니다. 성부의 의노와 세상 사람들의 죄악, 그리고 눈앞에 들이닥칠 혹형 등 이 모든 고통이 그분의 마음을 갈기갈기 찢어 놓은 것입니다. 예수님께서는 이렇듯이 하느님 아버지에게서 버림받으시고, 어머니 성모 마리아도 계시지 않고, 제자들은 잠만 자고, 기적과 많은 은혜를 받은 백성들은 모두 떠나가 버린 고독의 바다에 계신 것입니다. 목마름과 침 뱉음을 당한 괴로움도 상상하기 어려울 정도로 심했지만, 그보다 더 힘들었던 것은 가슴이 찢어질 듯한 마음의 고통이었습니다. 예수님께서 영혼이 죽을 만큼 괴롭다고 말씀하신 것만 보아도, 겟세마니에서 겪으신 가혹한 마음의 고통을 짐작할 수 있습니다.

하오나 주님, 저희 생각이 아직 어두워 당신의 고통을 헤아리지 못하고, 마음은 차가우며, 저희의 죄를 슬퍼하고 뉘우치는 사랑이 부족하나이다. 주님, 저희의 마음을 비추소서. 마음이 부서질 듯 괴로워하시고 죽을 때까지 근심하신 예수님, 저희가 당신의 근심과 고통을 나누어 받을 수 있도록 해 주소서.

근심이 영혼을 죽일 만큼 크다니, 얼마나 두려운 말입니까! 육신을 죽이는 고통도 대단한데, 영혼을 죽이는 근심은 얼마나 더 크겠습니까! 이렇게 예수님께서는 외롭고 괴로우셨지만, 그분의 은혜를 받은 백성들이나 사랑을 받은 제자들 중 어느 누구도 그분을 위로해 드리는 이는 없었습니다. 제자들까지도 예수님을 홀로 버려두고 잠만 자고 있었습니다. 형제자매들이여, 우리 주 예수님께서 자고 있는 제자들에게 한 시간만이라도 깨어 있어 달라고 하신 말씀과, 그 부탁에 무심했던 제자들을 깊이 묵상해 봅시다.

예수님께서 "마음은 간절하나 몸이 따르지 못한다."(마르 14,38)라고 하시며 깨어 기도해 달라고 하셨으나, 그들은 단 한 시간도 참지 못하고 잠만 자고 있었습니다.

형제자매들이여, 예수님과 함께 한 시간 동안 머물며 그분 성심을 위로해 드리는 천사가 되고 싶지 않습니까? 예수님께서 마르가리타 성녀에게 부탁하신 성시간을 행하면 겟세마니의 예수님을 위로해 드리는 천사가 되는 것입니다. 예수님께서 친히 부탁하시고 기뻐하시는 일이니, 성실히 행하면 예수님의 사랑과 은총을 받을 것입니다.

눈물이 방울져 흐르고 피땀에 젖으신 예수님께서 한 시간만이라도 깨어 있어 달라고 부탁하시는 말씀을 듣고서 어떤 반응이라도 보여야 하건만, 여전히 자고 있는 제자들을 보시는 예수님의 마음은 어떠하셨겠습니까! 3년 동안이나 데리고 다니며 가르치시고 기적을 보여 주시고 무한한 사랑으로 성체와 성혈을 주시고 황송하게도 사제직을 맡겨 주셨으나, 그들은 이 모든 것을 다 모르는 듯 보입니다.

경애하올 예수님, 이렇듯 괴롭고 외로우신데 어찌하여 위로해 드리는 이 하나 없습니까? 저도 오늘까지 저 제자들처럼 무심하게 살아왔으며, 종종 죄에 떨어져 당신 마음을 아프게 해 드렸나이다. 그러나 지금부터는 지난 잘못을 보속하고 올바르게 살아갈 것을 굳게 결심하나이다.

예수 성심을 찌르는 수많은 칼날을 바라봅시다. 예수님께서 찔리신 창보다 더 날카로운 창이 또 있으니, 그것은 바로 잠시 후 당신 곁에서 잠을 자는 것도 모자라 모두 달아난 제자들과, 으뜸 사도로서 다른 제자들을 이끌며 예수님을 보호해 드려야 할 베드로 사도가, 3년 동안이나 함께 지내며 특별한 사랑을 받고 죽어도 같이 죽겠다고 맹세하던 바로 그 베드로 사도가 세 번씩이나 배반하는 것과, 제자인 유다 이스카리옷이 당신을 팔아넘기는 것을 보시는 것입니다.

사도들이여, 유다 이스카리옷이여, 그리스도의 성체를 영하는 교우들이여, 우리가 받는 사랑은 하늘의 천사도 받지 못하는 특별한 사랑이건만, 어찌 이 사랑을 잊어버리고 그분을 배반하고 팔아넘기며 그분을 두고 달아나려 합니까?

예수 성심께 바다와 같은 고통을 퍼붓는 사람들의 배은망덕함과 냉정함은 너무 심합니다. 세상 창조부터 고통의 겟세마니까지, 십자가에서 성사를 통하여 세상 끝 날까지 인류를 위해서 베푸신 이 무한한 사랑을 배은 행위로 갚을 뿐입니다.

우리는 예수님을 버리고 달아난 사도들, 예수님을 배반한 베드로 사도, 예수님을 팔아넘긴 유다 이스카리옷과 별반 다르지 않게 살아왔습니다. 사리사욕을 하느님보다 위에 두고 세속을 그리스도보다 더 중요하게 생각하며 마귀를 예수님 위에 둘 때마다 유다 이스카리옷과 같은 죄를 저질렀습니다. 예수님을 욕심과 바꾸고, 세속과 바꾸고, 마귀와 바꾸었습니다. 이 얼마나 끔찍한 죄입니까? 예수님을 짓밟고 그 위에 서서 희희낙락하였으며, 예수님의 손목을 잡아 원수에게 넘기고 그 대가를 초라하게 받았습니다.

주님, 용서하소서. 지금까지 저지른 저의 모든 잘못을 슬퍼하며 이제부터 당신의 진실한 제자가 되겠나이다. 모든 허물을 당신 성혈로 대신 갚겠나이다. 당신 생명과 바꾸신 이 종을 한 번만 더 용서해 주소서.

주님, 저는 제 손으로 당신을 때리고 제 창으로 당신을 찔렀나이다. 당신께서는 처참하게도 아무 위로도 받지 못하고 기진하시어 땅에 쓰러져 임종의 고통을 당하고 계시니, 감히 얼굴을 들지도 못하고 당신 가슴에서 맺혀 나오는 근심 가득한 한숨 소리도 차마 들을 수 없나이다.

아, 흉측한 죄여! 저의 죄가 저 모든 것을 빚어 놓았나이다. 죽음에 이르도록 근심하신 예수 성심이시여, 탄식의 샘이 되신 예수 성심이시여, 저희가 드리는 이 미약한 사랑과 보속을 받으시어 위로로 삼으소서. 저희의 영혼과 육신, 생명과 존재, 가진 모든 것과 행하는 모든 일, 그리고 죽음까지 당신 성심께 바치오며 당신 성심을 위하여 사용하기로 약속하나이다.

예수님을 더 가까이 뵈옵시다. 시간이 흘러도 예수님의 근심은 가시지 않고 오히려 점점 더 깊어지고 무거워지며, 얼굴은 더욱 깊은 근심에 잠기십니다. 행복의 원천이신 하느님의 얼굴을 근심으로 덮어 버린 고뇌의 혹독함이여! 세상에는 저 고통과 그 안에 들어 있는 사랑의 신비를 알아듣는 이가 적고, 오히려 무시하고 모욕하며 불신하는 이가 많습니다. 우리가 그 사랑과 괴로움을 조금이라도 깨달았다면, 지금처럼 살아

가지는 않았을 것입니다.

겟세마니에서 근심 중에 계신 예수님을 잠시 묵상합시다.

    당신의 살과 피로 우리를 기르시며 우리와 결합하시려고 성체성사를 세워 주신 사랑…….

    당신의 제자 유다 이스카리옷이 당신을 팔아넘길 것을 생각하시며 뼛속 깊이 사무친 아픔과 피땀…….

    하실 수만 있다면 그 잔을 치워 달라고 기도하실 만큼 극심하셨던 근심과 고통, 그리고 적막…….

    기도를 부탁받은 제자들은 잠만 자고 있고, 가서 깨워도 또 잠들어 버리고…….

    점점 다가오는 수난의 시간…….

    유다 이스카리옷이 당신을 대사제들과 흥정하여 은돈 서른 닢에 팔아넘기고…….

    그가 데리고 오는 군사들의 발소리…….

    자기가 입 맞추는 이를 잡으라고 일러 주는 배반자 유다 이스카리옷…….

이미 당신을 넘기기로 하고 와서 당신께 친근하게 인사하는 유다 이스카리옷의 가증스러움…….

그 몹쓸 원수를 벗이라 부르시며 역겨운 인사를 받아 주시는 성심의 인자하심…….

거룩하신 몸을 결박당하시는 참혹한 광경…….

고함치고, 때리고, 할퀴고, 차며, 끌고 가는 참혹한 광경…….

수많은 백성이 지켜 보는 가운데 결박되신 채로 대사제, 빌라도, 헤로데 앞에서 이리저리 끌려 다니시며 매 맞으시고 차이시고 모욕당하시는 광경…….

천사들도 감히 바로 뵈올 수 없는 당신의 얼굴을 후려치며 무지한 모욕을 주고…….

주님의 머리에 가시관을 씌우고 몽둥이로 마구 치는 광경…….

주먹으로 뼈가 으스러지도록 때리며 침 뱉고 당신 손에 갈대를 들리고는 거짓 경배하며 후려치는 군사들…….

살인자 바라빠는 풀어 주고 예수는 죽이라고 외치

는 백성들의 고함 소리…….

당신을 넘겨받고는 무슨 큰일에나 성공한 듯 날뛰는 무리들…….

아우성치고 때리며 조롱하고 옷을 벗겨 군중 앞에 세우고 돌기둥에 손을 매어 놓고 둘러서서 죽일 듯 채찍질하는 참혹함…….

하도 맞아 살이 너덜너덜 해어지고 갈빗대가 드러나 차마 눈뜨고는 볼 수 없는 광경…….

십자가를 만드느라 왁자지껄 떠드는 소리…….

십자가를 지고 골고타로 떠나시는 광경…….

걸어가다가 넘어지시고, 넘어지면서 무거운 십자가에 눌리고 찍히는 애처로운 참경…….

십자가에 부딪쳐 더 깊이 박히는 가시관…….

피땀에 젖은 살에 붙어 버린 옷을 다시 포악하게 벗기고 쇠못과 망치를 들고 달려드는 악당들…….

망치로 내려치자 푹 뚫어지는 당신의 손과 발…….

십자가에 매달린 세 시간 동안의 무참한 고통…….

타는 목마름…….

십자가 곁에서 애통해하며 서 계시는 어머니…….

초와 쓸개…….

그리고 최후의 외침…….

숨을 거두심…….

이 크신 사랑을 알지 못하고 도리어 배척하는 저희의 배은망덕함과 성체성사에서 받으실 능욕, 신자면서 예수님께 무관심하고 예수님을 학대하는 우리!

이 모두가 겟세마니에서 예수님의 마음을 찢는 근심과 고통이었습니다. 예수님께서 땅에 엎디시어 몸도 일으키지 못하시고 기진하여 피땀을 흘리신 것은 바로 이러한 이유에서였습니다. 가련하고 처참하신 예수님, 이 모든 것이 저희 때문이며, 바로 저 자신 때문입니다.

모든 혹형을 일일이 마음으로 받아 내신 성심의 괴로움이여! 무수한 고통의 칼날이 당신 가슴을 찌를 때 얼마나 고통스러웠습니까! 예수님께서 마르가리타 성녀에게 발현하셨을 때 가시관이 성심을 둘러싸고 있는 것을 보여 주신 것은 마음에 받으신 잔혹하고 막심한 고통을 표시하고자 하신 것이었습니다. 예수 성심을 아프게 하는 사람, 가시관을 만드는 사람은 바로 저희입니다.

예수 성심이시여, 당신께 의탁하나이다. (아홉 번)

'예수 성심 위로 기도'(116쪽)를 바칩시다.

마침 기도

성령님, 이 시간에 저희를 밝히 깨우쳐 주시고 의지를 뜨겁게 해 주심에 감사드리나이다.

성심이시여, 이 시간 동안 분심과 잡념으로 열성 없이 보냄으로써 당신 마음을 아프게 해 드린 것을 용서해 주소서.

사랑하올 주 예수님, 무한하고 전능하신 주님, 겟세마니에서 당신의 종 천사에게서 위로받으신 것을 기억하시어, 비천한 죄인인 저희도 거룩한 생활로 당신을 위로하고자 당신께서 마르가리타 성녀에게 부탁하신 성시간을 지키려 하오니 저희를 받아 주소서.

저희는 당신께서 마르가리타 성녀에게 "내 성심에 자신을 온전히 봉헌하는 이는 멸망하지 않으리라." 하신 말씀을 굳게 믿고, 저희의 존재와 이에 속한 모든 것과 앞으로 당하고 행할 모든 것을 당신께 봉헌하나이다.

예수 성심이시여, 저희의 이 봉헌을 받아 주소서. 당신을 알아 사랑하고 공경하는 이가 많아질 수 있도록 저희의 모든 것과 생명과 행위와 저희가 받을 모든 고통, 특별히 모욕과 천대를 바치나이다.

저희는 이제부터 당신 성심께 합당치 않은 것은 아무리 조그마한 것이라도 모두 끊어 버리고, 당신께서 원하시는 것만을 실천하겠나이다.

사랑하올 예수님, 당신은 저희의 유일한 사랑의 대상이시고 저희 일생의 보호자시며, 저희 구원의 보증이시고 나약하고 항구치 못함의 치료약이시며, 죽을 때 안전한 피난처시나이다.

자애로우신 예수님, 성부의 심판 앞에서 저희를 보

호해 주시고 성부의 의노를 막아 주소서.

    사랑의 임금이신 예수 성심이시여, 죄 많고 나약한 저희는 온전히 당신께 의탁하나이다. 당신께 합당치 않은 것은 무엇이든 다 없애 주시고, 당신께서 원하시는 것은 무엇이든 저희가 다 실천하게 해 주소서. 당신을 잊지 않고 당신을 떠나지 않으며 당신 안에 머물러 살다가, 당신 성심 안에서 복되게 죽어 영원한 하늘나라에 들게 하소서. 아멘.

제6장

이 마음을 보십시오

✝

　우리 주 예수님께서 마르가리타 성녀에게 발현하시어 활활 타는 당신 성심을 보여 주시며 "사람들을 이토록 사랑한 마음을 보라."라고 말씀하셨습니다. 과연 저희를 말할 수 없이 극진하게 사랑하신 마음입니다.

　아무것도 아끼지 않으시고 저희를 지극히 사랑하신 그 마음을 저희에게 주셨고, 당신의 어머니와 생명을 주셨으며, 당신 사랑을 다 기울여 당신의 모든 것을 주셨습니다. 예수님께서는 성체성사에서 모욕을 받으시면서도 사랑의 부르심을 멈추지 않으십니다. 그분께서는 아무리 타고 또 타도 다할 줄 모르는 사랑의 불가

마시며, 저희를 위하여 희생되시고 온전한 사랑이 되신 마음이십니다. 그리고 고통의 칼과 배은망덕의 창으로 무참히 찔리면서도 원망을 모르시고 오히려 사랑을 베풀어 주시며, 우리 마음을 이끄시려고 모든 노력을 다하셨습니다. 예수님께서는 이렇듯 저희를 참으로 사랑하셨습니다.

저희는 누군가에게서 돈 몇 푼만 받아도 감사의 인사를 하면서도, 친히 모든 것을 다 주신 예수님께는 사랑의 보답은커녕, 오히려 배반하고 거역하는 일을 합니다.

보십시오, 저 마음을! 무엇이 싫어서 예수님의 말씀을 듣지 않으며 무엇이 부족해서 그분께 달려들지 않습니까! 그분께는 사랑과 자비의 바다가 들어 있고 행복의 원천이 들어 있습니다. 죄를 저질러 당신과 원수가 된 저희를 위하여 모욕과 배척에도 끊임없이 당신의 사랑을 아낌없이 주시며 희생하고 계신 예수님께 보답해 드릴 수 있도록 힘써야 할 것입니다.

우리 주 예수님께서 당신 성심을 보여 주신 것은 우

리의 보잘것없고 죄악에 더러워진 마음을 당신께 달라고 하시는 것입니다.

우리 영혼을 목말라하시며 우리 마음을, 우리 전부를 갖고 싶으셔서 먼저 당신 마음을 주시니, "네 마음을 내게 다오."라고 하시는 예수님께 조금도 지체하지 말고 우리의 마음을 드립시다. 먼저 당신의 모든 것을 주시고 우리의 것을 청하시는데 어찌 거절하겠습니까? 우리는 한평생 살면서 온전히 그분께 우리의 마음을 드려 본 적이 과연 몇 번이나 됩니까?

저 마음을 보십시오. 예수님께서 세상에 계실 때에 "너희는 '무엇을 먹을까?', '무엇을 마실까?', '무엇을 차려입을까?' 하며 걱정하지 마라. …… 하늘의 너희 아버지께서는 이 모든 것이 너희에게 필요함을 아신다."(마태 6,31-32) 하고 위로해 주시고, "튼튼한 이들에게는 의사가 필요하지 않으나 병든 이들에게는 필요하다. …… 사실 나는 의인이 아니라 죄인을 부르러 왔다."(마태 9,12-13) 하고 죄인의 편을 들어 주셨습니다. "고생하며 무거운 짐을 진 너희는 모두 나에게 오너

라. 내가 너희에게 안식을 주겠다."(마태 11,28) 하고 격려해 주셨습니다. "하늘에 계신 내 아버지의 뜻을 실행하는 사람이 내 형제요 누이요 어머니다."(마태 12,50)라고 말씀하셨고, 또한 가나안 여인의 딸을 고쳐 주셨습니다. 회당장 야이로의 딸, 마리아와 마르타의 오빠 라자로를 죽음에서 다시 살려 주셨고, 당신을 따르는 백성이 배고파할까 기적을 행하여 먹여 주셨으며, 간음한 죄인도 용서해 주셨습니다. 십자가에 달린 강도에게 천국을 허락하시고 당신을 못 박아 죽이는 원수들을 용서해 달라고 간청하신, 이렇게 사랑 많고 아름다운 마음을 가진 분이십니다. 우리를 위해서 겟세마니에서 근심으로 마음이 찢어지고, 십자가 상에서 찔리셨으며, 지금 성체성사에서도 밤낮으로 칼을 받으시는 그 마음입니다.

보십시오, 이 마음을! 어떤 마음인지! 베들레헴의 춥고 누추한 외양간도 성심이 택하신 곳이고, 헤로데의 박해를 받아 수년간 타국에 피신하신 것도 우리를 사랑하시는 성심이 하신 것입니다. 가난한 목수로

30년을 사신 것도 우리를 사랑하시는 성심이고, 3년간 동분서주하며 영원한 생명의 길을 가르치시고 율법학자들과 대사제들과 원로들의 미움을 받으신 것도 인류를 사랑하시는 성심입니다. 돌로 치려 하고 산 위에 끌고 올라가 밀쳐 버리려는 능욕을 받으신 것도 성심입니다. 예루살렘을 바라보며 우시고, 겟세마니에서 우시고, 십자가에서, 오늘 제대 위에서 우시는 분 또한 성심입니다. 참으로 우리를 위하여 온전한 희생이 되신 성심입니다.

이렇게 사랑을 베푸신 성심께서 받으시는 것은 배은망덕함, 냉대, 무관심, 망각, 이런 죄들뿐입니다. 예수님께서는 지금도 가끔 사람의 그림자조차 없는 마을의 허수아비 임금 같으시며, 수시로 사람들에게서 멸시와 모욕을 당하십니다.

미사 참례하는 이가 적고 성체 조배하는 이가 없는 성당을 위하여 기도를 바칩시다.

형제자매들이여, 예수 성심을 통하여 그 무한한 사랑을 묵상하며 예수님께서 우리에게 이르시는 말씀에 귀 기울입시다.

"나는 너무나 뜨거운 사랑으로 죽을 것만 같다. 내게로 가까이 오너라. 숨이 멎을 듯이 괴로움에 짓눌려 있는 나를, 기진한 나를 붙들어 다오. 나는 2천 년 동안이나 제대 감실 속에서 너희를 기다리고 있다. 2천 년 동안 이렇게 고민하고 있다. 부탁하건데, 오늘 밤은 나를 위로하는 천사가 되어 다오.

자주 성시간을 드리기로 결심합시다.

아! 내가 너희를 얼마나 사랑하는지 너희는 알지 못한다. 이 사랑을 깨닫는다면 너희가 나를 이렇게 냉대하지 않을 것이고, 내 소리를 막지 않을 것이며, 내 사랑을 악용하지 않을 것이다. 이런 너희의 죄 때문에 겟세마니에서 내 영혼이 죽기보다 괴로웠다. 가까이 오너라. 내 마음은 멈추지 않고 언제나 너희를 사랑한다.

지체하지 말고 빨리 오너라. 어서 와서 내 마음을 가져가고 네 마음을 내게 다오. 너희 영혼과 생명, 모든 즐거움과 괴로움, 무엇이든 다 내게 다오. 이것이 내가 기다리는 것이다.

이 마음을 보라. 너희를 위해서 아무것도 아낀 것이 없는 마음이다. 너희도 내가 너희에게 한 것처럼 내게 해 다오. 내가 세상에 있을 때, 마음을 다하고 영혼을 다하고 힘을 다하여 너의 주 하느님을 사랑하라고 하였다. 지금 너희에게 다시 부탁한다. 온 마음과 온 영혼과 온 힘을 내게 바쳐 다오. 내가 너희에게 바라는 것은 사랑뿐이다. 나를 사랑하여라. 내 성심을 다른 사람에게 알려 주어라. 사랑하게 하여라. 그리하면 너희 죄는 용서받을 것이다. 내가 너희에게 받고 싶은 것은 '사랑'이다. 어서 빨리 말하여라!"

예수 성심이시여, 제 모든 것을 당신께 바치나이다.
예수님, 제게 당신 성심을 주소서.

'봉헌 기도'(108쪽)를 바칩시다.

사랑하올 예수님, 이제와 영원히 당신을 사랑하고 찬미하며 그 사랑으로 살아가도록 저희를 창조하셨으니, 마음을 다하고 영혼을 다하고 힘을 다하여 당신을 사랑하고 찬미하며 저희의 사랑을 목말라하시는 그 불타는 갈망을 채워 드리겠나이다. 주님, 당신께서 "목마르다, 목마르다, 너희에게 사랑을 받고 싶어서 목마르다." 하고 말씀하시는 소리를 들으면서도 오늘까지 당신을 열절이 사랑하지 못한 것을 깊이 뉘우치며 부끄러워하나이다. 이제부터는 온 마음과 온 힘을 다하여 당신을 사랑하며, 당신 사랑의 1만 분의 1이라도 기워 갚아 드리기로 약속하나이다.

'예수 수난 기도'(114쪽)를 바칩시다.

예수님께서는 하늘의 천사보다도 우리를 더 사랑하셨으니, 천사를 위해서는 수난과 죽음을 당하지 않으셨어도, 우리를 위해서는 모욕을 받으시고 뺨을 맞으시며 가시관을 쓰시고 침 뱉음과 조롱을 받으셨습니다. 미친 사람 취급을 받으시고 놀림과 매질을 당하시고 십자가에 못 박혀 돌아가셨습니다. 우리를 사랑하시어 당신 생명까지 다 내어 주신, 이 끝없이 깊고 넓은 사랑을 어느 누가 응답을 드릴 수 있겠습니까?

마르가리타 성녀는 예수 성심의 오묘한 발현을 본 후 그 성심의 심오함을 이렇게 말하였습니다.

"예수 성심은 한없이 깊은 사랑의 못입니다. 내가 이 성심 안에 있는 것은 마치 깊은 못 가운데 있는 것과 같습니다. 알아들을 수 없고 아무리 들어가도 바닥을 볼 수 없는 깊은 못입니다. 예수 성심은 사랑의 심연深淵입니다."

이 마음을 보십시오. 우리를 위하여 하늘에서 내려오시어 비천한 사람이 되시고, 천사의 임금이면서도 인류의 구속救贖 제물과 일용할 양식이 되신 마음입니다. 조물주시면서도 피조물을 섬기시고, 고욕과 천대를 받을 수 없는 하느님이시면서도 사람이 되시어 온갖 고난의 바다가 되시며, 모든 영광의 주님께서 모든 능욕의 천덕꾸러기가 되신 마음입니다. 영원하신 하느님께서 우리를 위해서 인간이 되시어 십자가에서 돌아가셨습니다. 당신의 생명, 육신, 영혼, 성혈, 마음까지 모든 것을 다 주시고, 세상 끝 날까지 우리와 함께 계시기를 허락하시며, 언제나 우리를 떠나지 않으시는 마음입니다. 우리를 이처럼 사랑하시는데, 그분께서 우리의 사랑을 받지 못하시는 것을 탄식하심은 당연합니다. 사랑을 베풀고도 욕을 듣는다면 슬프지 않을 이가 누가 있겠습니까?

예수님께서 마르가리타 성녀에게 하신 말씀을 깊이 묵상하며 사랑을 사랑으로 보답함을 배워야 할 것입니다.

예수님께서는 "내 성심이 사람을 사랑하는 정이 이토록 크다! 이 사랑의 불을 억제하지 못하고 너를 통하여 사람들에게 드러내며 내 마음의 오묘한 은혜를 알리고 어려움을 없애 주기 위하여 특별히 연약한 여성인 너를 택하였으니, 이 사명을 받들어 내 마음을 밝히 드러내어라."라고 하시고, 당신께서 겪으신 수난을 말씀하신 후 탄식하며 말씀하셨습니다.

"그 모든 형벌이 중하였으나, 사람의 마음이 움직이지 않음이 더욱 나를 괴롭게 한다. 그들이 효성으로 내 사랑을 갚는다면 나는 다시 온갖 고난을 기꺼이 받으련만, 저들의 마음이 차가워 내 사랑을 갚지 않으니, 너의 마음과 힘을 다하여 내 마음을 기쁘게 하고 세상 사람들의 배은망덕함을 보속하라."라고 하시며 성시간을 부탁하셨습니다.

"목요일 밤마다 내가 겟세마니에서 겪은 죽음 같은 근심과 슬픔에 너를 참여케 하리니, 그 슬픔은 죽음보다 더 쓴 것이며, 네가 도저히 이해하지 못하고 참기 어려운 고통이 될 것이다. 내가 그때 극심한 고통 중에 성부께 바친 겸손된 기도에 동참하려면 밤 11시 30분부터 12시 30분까지 나와 함께 꿇어 엎드려 죄인들을 위하여 자비를 빌어 주며 성부의 의노를 풀어 드려라. 또 내가 사도들에게 버림을 받고 형언할 수 없는 슬픔에 잠겨 '너희는 나와 함께 한 시간도 깨어 있을 수 없더란 말이냐?' 하고 책망할 수밖에 없었던 그 고통을 조금이나마 덜기 위하여 그 한 시간 동안 내가 분부하는 대로 행하여라."라고 하셨습니다.

우리 주 예수님의 말씀대로 성시간을 바치기로 결심합시다. '예수 성심과 성모 성심께 바치는 봉헌 기도'(127쪽)를 바칩시다.

예수 성심이시여, 당신의 나라를 세우소서. (다섯 번)
원죄 없으신 성모 성심이시여, 저희를 위하여 빌어 주소서. (세 번)
성 요셉, 저희를 위하여 빌어 주소서.
성녀 마르가리타 마리아 알라코크, 저희를 위하여 빌어 주소서.

마침 기도

성령님, 이 시간에 저희를 밝히 깨우쳐 주시고 의지를 뜨겁게 해 주심에 감사드리나이다.

성심이시여, 이 시간 동안 분심과 잡념으로 열성 없

이 보냄으로써 당신 마음을 아프게 해 드린 것을 용서해 주소서.

사랑하올 주 예수님, 무한하고 전능하신 주님, 겟세마니에서 당신의 종 천사에게서 위로받으신 것을 기억하시어, 비천한 죄인인 저희도 거룩한 생활로 당신을 위로하고자 당신께서 마르가리타 성녀에게 부탁하신 성시간을 지키려 하오니 저희를 받아 주소서.

저희는 당신께서 마르가리타 성녀에게 "내 성심에 자신을 온전히 봉헌하는 이는 멸망하지 않으리라." 하신 말씀을 굳게 믿고, 저희의 존재와 이에 속한 모든 것과 앞으로 당하고 행할 모든 것을 당신께 봉헌하나이다.

예수 성심이시여, 저희의 이 봉헌을 받아 주소서. 당신을 알아 사랑하고 공경하는 이가 많아질 수 있도록 저희의 모든 것과 생명과 행위와 저희가 받을 모든 고통, 특별히 모욕과 천대를 바치나이다.

저희는 이제부터 당신 성심께 합당치 않은 것은 아무리 조그마한 것이라도 모두 끊어 버리고, 당신께서 원하시는 것만을 실천하겠나이다.

사랑하올 예수님, 당신은 저희의 유일한 사랑의 대상이시고 저희 일생의 보호자시며, 저희 구원의 보증이시고 나약하고 항구치 못함의 치료약이시며, 죽을 때 안전한 피난처시나이다.

자애로우신 예수님, 성부의 심판 앞에서 저희를 보호해 주시고 성부의 의노를 막아 주소서.

사랑의 임금이신 예수 성심이시여, 죄 많고 나약한 저희는 온전히 당신께 의탁하나이다. 당신께 합당치 않은 것은 무엇이든 다 없애 주시고, 당신께서 원하시는 것은 무엇이든 저희가 다 실천하게 해 주소서. 당신을 잊지 않고 당신을 떠나지 않으며 당신 안에 머물러 살다가, 당신 성심 안에서 복되게 죽어 영원한 하늘나라에 들게 하소서. 아멘.

부록

†

성호경
성부와 성자와 성령의 이름으로, 아멘.

주님의 기도
하늘에 계신 우리 아버지, 아버지의 이름이 거룩히 빛나시며, 아버지의 나라가 오시며, 아버지의 뜻이 하늘에서와 같이 땅에서도 이루어지소서! 오늘 저희에게 일용할 양식을 주시고, 저희에게 잘못한 이를 저희가 용서하오니, 저희 죄를 용서하시고, 저희를 유혹에 빠지지 않게 하시고, 악에서 구하소서. 아멘.

성모송

은총이 가득하신 마리아님, 기뻐하소서! 주님께서 함께 계시니 여인 중에 복되시며, 태중의 아들 예수님 또한 복되시나이다. 천주의 성모 마리아님, 이제와 저희 죽을 때에 저희 죄인을 위하여 빌어 주소서. 아멘.

영광송

영광이 성부와 성자와 성령께, 처음과 같이 이제와 항상 영원히, 아멘.

사도신경

전능하신 천주 성부, 천지의 창조주를 저는 믿나이다. 그 외아들 우리 주 예수 그리스도님, 성령으로 인하여 동정 마리아께 잉태되어 나시고, 본시오 빌라도 통치 아래서 고난을 받으시고, 십자가에 못 박혀 돌아가시고 묻히셨으며, 저승에 가시어 사흗날에 죽은 이들 가운데서 부활하시고, 하늘에 올라 전능하신 천주 성부 오른편에 앉으시며, 그리로부터 산 이와 죽은 이를 심판하러 오시리라 믿나이다. 성령을 믿으며, 거룩하고 보편된 교회와 모든 성인의 통공을 믿으며, 죄의 용서와 육신의 부활을 믿으며, 영원한 삶을 믿나이다. 아멘.

통회 기도

하느님, 제가 죄를 지어 참으로 사랑받으셔야 할 하느님의 마음을 아프게 하였기에 악을 저지르고 선을 멀리한 모든 잘못을 진심으로 뉘우치나이다. 하느님의 은총으로 속죄하고 다시는 죄를 짓지 않으며 죄지을 기회를 피하기로 굳게 다짐하오니 우리 구세주 예수 그리스도의 수난 공로를 보시고 저에게 자비를 베풀어 주소서. 아멘.

봉헌 기도

하느님, 저를 사랑으로 내시고 저에게 영혼 육신을 주시어 주님만을 섬기고 사람을 도우라 하셨나이다. 저는 비록 죄가 많사오나 주님께 받은 몸과 마음을 오롯이 도로 바쳐 찬미와 봉사의 제물로 드리오니 어여삐 여기시어 받아 주소서. 아멘.

예수 성심 호칭 기도
○ 주님, 자비를 베푸소서.
● 주님, 자비를 베푸소서.
○ 그리스도님, 자비를 베푸소서.
● 그리스도님, 자비를 베푸소서.
○ 주님, 자비를 베푸소서.
● 주님, 자비를 베푸소서.
○ 그리스도님, 저희의 기도를 들으소서.
● 그리스도님, 저희의 기도를 들으소서.
○ 그리스도님, 저희의 기도를 들어주소서.
● 그리스도님, 저희의 기도를 들어주소서.
○ 하늘에 계신 천주 성부님,
● 자비를 베푸소서. (다음은 같은 후렴)
○ 세상을 구원하신 천주 성자님,
○ 천주 성령님,

- 삼위일체이신 하느님,
- 영원하신 성부의 아들이신 예수 성심,
- 동정 마리아 몸에 성령으로 잉태되신 예수 성심,
- 하느님의 말씀이신 예수 성심,
- 영광과 위엄이 가득하신 예수 성심,
- 하느님의 성전이신 예수 성심,
- 지존하신 이의 장막이신 예수 성심,
- 하느님의 집이요 하늘의 문이신 예수 성심,
- 사랑의 불가마이신 예수 성심,
- 나눔과 베풂의 그릇이신 예수 성심,
- 자비와 인정이 넘치시는 예수 성심,
- 모든 덕행의 원천이신 예수 성심,
- 지극히 찬미를 받으실 예수 성심,
- 모든 마음의 중심이요 임금이신 예수 성심,
- 온갖 지혜와 지식의 보고이신 예수 성심,
- 천주성이 충만하신 예수 성심,
- 성부의 기쁨이신 예수 성심,
- 풍부한 은혜를 베푸시는 예수 성심,

- 죽은 이들의 희망이신 예수 성심,
- 지극히 자비로우시고 인내하시는 예수 성심,
- 모든 이의 간구를 들어주시는 예수 성심,
- 생명과 성덕의 샘이신 예수 성심,
- 저희 죄를 용서하시는 예수 성심,
- 극도의 모욕을 당하신 예수 성심,
- 저희 죄로 찢기신 예수 성심,
- 죽기까지 순명하신 예수 성심,
- 창에 찔리신 예수 성심,
- 모든 위로의 샘이신 예수 성심,
- 생명이요 부활이신 예수 성심,
- 평화요 화해이신 예수 성심,
- 죄인들의 제물이 되신 예수 성심,
- 주님께 바라는 이들의 구원이신 예수 성심,
- 주님을 믿으며 죽는 이들의 희망이신 예수 성심,
- 모든 성인의 즐거움이신 예수 성심,
- 하느님의 어린양, 세상의 죄를 없애시는 주님,
- 저희를 용서하소서.

○ 하느님의 어린양, 세상의 죄를 없애시는 주님,
● 저희의 기도를 들어주소서.
○ 하느님의 어린양, 세상의 죄를 없애시는 주님,
● 자비를 베푸소서.
○ 마음이 어질고 겸손하신 예수님,
 저희 마음을 주님 마음과 같게 하소서.
† 기도합시다.
 전능하시고 영원하신 하느님,
 지극히 사랑하시는 성자의 성심을 보시고
 죄인들을 대신하여 바친
 성자의 찬미와 보속으로 마음을 푸시어,
 주님의 자비를 간구하는 저희를 용서하소서.
 성자께서는 영원히 살아 계시며 다스리시나이다.
◎ 아멘.

예수 성심께 천하 만민을 바치는 기도

○ 지극히 어지신 구세주 예수님,
 주님 앞에 꿇어 경배하오니, 저희를 굽어살피소서.

- 저희는 이미 주님의 백성이오니,
 언제나 주님과 함께 살아가기를 바라나이다.
 주님과 하나 되고자
 오늘 저희를 주님의 성심께 봉헌하나이다.
○ 주님을 일찍이 알아 모시지 못한 사람도 많고
 주님을 알고도 주님의 계명을 저버리고
 주님을 떠난 사람도 많사오니,
- 지극히 인자하신 예수님,
 이런 사람들도 다 불쌍히 여기시어,
 주님의 성심께 이끌어 들이소서.
○ 주님께서는 목자이시니,
 주님을 떠나지 않은 사람들을 보살피시고
 이미 주님을 떠난 사람들은
 다시 아버지 집으로 돌아오게 하시어,
 굶어 죽는 일이 없게 하소서.
- 옹졸한 고집에 사로잡힌 사람들이나
 불목하여 갈린 사람들도 부르시어,
 저희가 모두 같은 신앙을 고백하며

한 우리에서 한 목자 밑에 살게 하소서.
- ○ 주님, 거룩한 교회를 평화의 깃발로 세우시고
  모든 나라에 참된 평화를 주시어,
  온 세상 어디서나 입을 모아
  저희를 구원하신 성부와 성자와 성령께
  영원히 찬미와 영광과 흠숭을 드리게 하소서.
- ◎ 아멘.
- ○ 예수 성심,
- ● 이 세상에 주님의 나라를 세우소서.

예수 수난 기도(마르가리타 성녀의 기도)

주 예수 그리스도님, 주님의 십자고상 앞에 꿇어 엎드려 당신의 용서를 청하오니, 저희에게 자비를 베풀어 주소서.

- ○ 멸시와 천대를 받으신 예수님,
- ● 저희에게 자비를 베푸소서. (다음은 같은 후렴)
- ○ 모함과 박해를 받으신 예수님,
- ○ 마귀에게 유혹을 받으시고 사람들에게 버림을

받으신 예수님,
- 천한 값에 넘겨지신 예수님,
- 모독과 거짓 증언, 고발, 사형 선고를 받으신 예수님,
- 뺨을 맞고 조롱당하신 예수님,
- 미치고 마귀 들린 자 취급을 받으신 예수님,
- 뼈가 드러나도록 채찍질을 당하신 예수님,
- 강도 바라빠만도 못한 여김을 받으신 예수님,
- 옷을 모두 벗기는 수모를 당하신 예수님,
- 가시관을 쓰시고 조롱을 받으신 예수님,
- 십자가를 지고 백성에게 저주를 받으신 예수님,
- 능욕과 괴로움과 비천함에 잠기신 예수님,
- 죽음에 이르도록 근심하신 예수님,
- 짓밟힘과 모욕과 비웃음을 받으신 예수님,
- 강도와 같이 나무 십자가에 달리신 예수님,
- 모든 존경을 잃고 비하를 받으신 예수님,
- 온갖 고난을 다 받으신 예수님,

저희를 사랑하시는 마음으로 온갖 고난과 능욕을

받으신 예수님, 저희 마음에 당신의 사랑과 겸손을 깊이 새겨 주시어, 그 사랑과 겸손을 실천하며 살아가게 하소서. 아멘.

예수 성심 위로 기도

구세주 예수님, 저희가 저지른 불충과 불효함을 진심으로 뉘우치고 통회하고자 당신 앞에 나왔나이다. 믿음과 보속, 사랑의 마음으로 기도드리는 저희를 바라보소서. 불행하고 죄 많은 세상과 당신을 모르는 모든 이들도 당신 성심 안에서 하나 되게 해 주소서.

○ 사람들이 주님을 잊고 배은망덕함에,

● 주님, 저희의 위로를 받으소서. (다음은 같은 후렴)

○ 감실에서 버림받고 계심에,

○ 죄인들의 악에,

○ 악인들이 주님을 미워함에,

○ 주님을 거슬러 내뱉는 욕설에,

○ 하느님이신 주님을 모독함에,

○ 사랑의 성사를 모독함에,

○ 흠숭하올 주님 대전에서 저지른 무례와 불경함에,

○ 흠숭하올 주님을 팔아넘김에,

○ 주님의 자녀들이 냉담하고 무관심함에,

○ 사랑이 충만한 주님의 말씀을 무시함에,

○ 주님의 벗이라 자칭하는 이들의 충실치 못함에,

○ 주님의 거룩한 은총을 거역함에,

○ 저희가 성실하지 못함에,

○ 저희 마음의 완악 무도함에,

○ 주님 사랑하기를 한없이 미룸에,

○ 신자의 본분에 게으름에,

○ 영혼들을 잃어버리시는 쓰디쓴 근심에,

○ 저희 마음 앞에서 오래 기다리시게 함에,

○ 저희에게 거절당하시는 주님의 아픈 마음에,

○ 저희를 사랑하시어 눈물 흘리심에,

○ 감실 안에서 외로우심에,

○ 주님 사랑이 치명당하심에,

"어떠한 예언자도 자기 고향에서는 환영받지 못한다."라고 하시며 슬퍼하시는 예수 성심이시여, 저희가 드리는 이 미약한 위로를 받아 주시며 당신 은총으로 도와주시어, 당신께 합당치 않은 것은 멀리하고 언제 어디에서나 당신의 충실한 위로자가 되게 해 주소서. 성심께 간구하오니, 성부와 성령과 함께 영원무궁토록 다스리시나이다. 아멘.

예수 성심이 받으신 모욕을 갚아 드리는 기도

지극히 감미로운 사랑의 예수 성심이시여, 당신께서는 사람들에게 한없는 사랑을 베푸시나, 그들은 당신의 사랑을 잊어버리고 외면하며 배은망덕하나이다.

이제 저희는 당신의 제대 앞에 엎드려 악인들이 곳곳에서 사랑의 성심을 무시하고 모욕하는 것을 특별한 공경으로 갚아 드리기를 원하나이다.

하오나 주님, 저희도 그런 죄악이 없지 않기에 슬퍼하고 뉘우치며 당신의 자비를 간구하나이다. 저희가 지은 죄악을 보속할 뿐 아니라, 구원의 길을 멀리 떠나 방황하는 이들과 당신을 목자와 으뜸으로 섬기지 않고 믿지 않겠다고 고집하는 이들, 세례 때의 서약과 주님의 계명을 잊어버린 채 살아가는 이들이 저지른 모든 죄악을 기워 갚아 드리려 당신 앞에 나왔나이다.

주님을 거슬렀던 부정한 행위와 내쳐야 할 풍습, 깨끗한 영혼들을 부패시키는 악한 표양을 따르고, 주일과 대축일을 거룩하게 지키지 못하며, 주님과 주님의 성인들을 모독하는 언행을 일삼고, 교황과 성품을 능욕하며, 사랑의 성사를 가볍게 여기고, 주님께서 세우신 거룩한 교회의 권위와 가르침을 무시하는 이 모든 죄악들을 어찌하면 다 씻을 수 있겠나이까.

이제 저희는 하느님의 지존하심과 거룩하심을 손상시킨 모든 죄악을 갚아 드리기 위하여, 당신께서 십자가 상에서 성부께 드리신 보속과 날마다 제대 위에서 다시 드리시는 희생을 동정 성모님과 모든 성인과 충실한 모든 교우의 보속과 합하여 당신께 바치나이다.

저희는 마음과 힘을 다하여, 저희를 비롯한 모든 이가 저지른 죄와 당신의 지극한 사랑을 배반한 죄를 기워 갚고, 믿음을 굳건히 하며, 올바른 생활을 하고, 계명을 완전히 지키며, 애덕을 닦고, 저희가 할 수 있는 한 주님 은총에 의지하여 악인들이 주님을 모욕하지 않도록 힘써 막고 그들의 회개를 도와 주님을 따르게 하겠나이다.

청하오니, 지극히 인자하신 예수님, 복되신 성모님의 보속과 전구를 보시어, 저희가 바치는 이 기도를 들어주소서.

또한 저희들이 죽기까지 당신을 충실히 섬기게 하시며, 끝까지 항구하는 특은을 주시어 마침내 저희 모두가 영원한 주님의 나라에 들게 하소서. 성자께서는 성부와 성령과 함께 영원히 살아 계시며 다스리시나이다. 아멘.

예수 성심과 일치하여 바치는 봉헌 기도

영원하시고 인자하신 하느님 아버지, 성자의 성혈과 상처, 영혼들을 사랑하시는 성심을 받으소서. 가시에 찔린 머리를 보시고 이 성혈이 헛되지 않게 하소서. 저희 영혼을 당신께 드리기 위하여 예수님께서 당하신 목마름을 보시고, 저희 영혼을 멸망시키지 마소서. 당신을 영원히 현양할 수 있도록 저희를 구원해 주소서.

영원하신 하느님 아버지, 성자 예수 그리스도의 성혈로 씻은 저희 영혼들을 보소서. 끊임없이 당신께 바쳐지는 영적 희생의 성혈에 젖은 저희 영혼들을 보소서. 이 성혈로 저희 영혼을 구원해 주소서.

지극히 거룩하시고 의로우시며 무한히 인자하시고 선하신 하느님, 사랑으로 저희를 지어 내시고 사랑으로 하늘나라의 참된 행복을 저희에게 허락하신 아버지, 당신께 죄를 지어 의노를 받게 하였사오니, 당신 성자의 구속 공로를 보시고 저희를 용서해 주시며 영원한 하늘나라의 행복을 누릴 자격을 다시 주소서. 아버지, 영혼들을 불쌍히 여기시어 자비를 베풀어 주소서.

무한히 거룩하시고 인자하신 하느님, 당신을 흠숭하나이다. 밤낮으로 세상 곳곳의 죄인들에게서 받으시는 모욕을 보상해 드리고자 지금 이 시간 행해지는 죄악을 가장 먼저 보속하려 하나이다. 제대 상에서 봉헌되시는 성자의 끊임없는 희생과, 당신을 사랑하는 영혼들의 흠숭과 속죄의 모든 행위도 당신께 바치나이다.

무한히 자비하시고 선하신 하느님, 죄인들의 모욕을 보상하기 위하여 봉헌되시는 성자의 깨끗한 성혈을 받으시어, 이 성혈로 죄인들의 죄를 씻어 주시고 자비를 베풀어 주소서.

하늘에 계신 아버지, 당신 성자의 상처를 바라보소서. 저희의 상처를 받으시고 저희에게 은총을 베풀어 주소서. 예수 그리스도의 손발을 뚫은 쇠못으로 저희의 굳어진 마음을 뚫어 주시고, 그 성혈로 저희 영혼을 깨끗하게 해 주소서. 성자 예수님의 어깨를 짓누른 십자가의 무게를 생각하시어, 고해소에 있는 영혼들의 죄의 짐을 벗겨 주소서.

거룩하신 하느님, 당신께서 사랑하시는 성자의 가시관을 바치나이다. 가시관의 고통을 기억하시고 저희가 지은 죄를 아파하며 뉘우치게 해 주소서.

인자하신 하느님, 죄인들이 자기 죄로 말미암아 고통을 당할 때, 저희에게 위로와 평화를 주시려고 당신 성자께서 십자가 위에서 받으신 고독과 목마름과 모든 형고를 바치나이다.

 연민의 정이 충만하신 하느님, 성자 예수 그리스도께서 자신을 못 박은 이들을 위해서까지 기도하신 그 사랑의 성심을 생각하며 간구하오니, 저희가 하느님을 사랑하고 이웃을 사랑하며 선에 항구하게 해 주소서. 또한 성자의 고통을 영원한 복으로 변하게 하셨듯이, 통회하고 보속하는 저희들의 고통도 당신의 영광으로 받아 주시어 영원한 월계관으로 변하게 해 주소서.

 지극한 사랑을 베풀어 주시며 무한히 선하신 하느님 아버지, 당신 공의와 세상 죄악 사이에 자신을 두시고 당신께 용서를 간구하는 성자 예수 그리스도를 보소서.

 인자하신 하느님, 인간의 나약함을 불쌍히 여기소서. 저희의 신심을 비추시어 유혹에 빠지지 않게 하시며, 원수가 쳐 놓은 죄악의 그물을 물리치고 새로운 힘을 얻어 진리의 길로 나아갈 용기를 저희에게 주소서.

 영원하신 하느님, 성자 예수 그리스도께서 받으신 수난과 고통을 보소서. 저희에게 빛과 힘, 용서와 자비를 주시기 위하여 예수님께서 당신 자신을 하느님 앞에 희생 제물로 내어 놓으셨나이다.

천사와 성인도 감히 당신 대전에 나오기가 부당하올 만큼 지극히 거룩하신 하느님, 생각과 원욕(願慾)으로 저지르는 저희의 숨은 모든 죄를 용서하소서. 이 죄의 보속으로 가시관에 찔린 성자의 머리를 받으소서. 그 머리에서 솟아나는 지극히 깨끗한 성혈을 받으시어 저희의 때 묻은 정신을 씻어 주시고, 어두움을 비추어 밝혀 주시며, 이 성혈이 저희에게 용서와 빛과 생명이 되게 하소서.

지극히 거룩하신 하느님, 예수 그리스도의 고통과 공로에 의지하여 예수 그리스도의 이름으로 당신께 용서를 비오니, 저희 자신을 바치는 모든 저희의 공로와 고통도 함께 받아 주소서.

인자하시고 사랑이 많으신 하느님, 믿음이 약한 이에게 힘이 되시고, 진리에 눈먼 이에게는 빛이 되시며, 모든 영혼에게는 사랑의 대상이 되소서.

저희를 사랑하시어 당신 외아들을 죽음에 부치신

영원하신 하느님, 그 성혈과 공로와 성심을 보시고 온 세상 모든 이를 불쌍히 여기시며 그들이 지은 모든 죄를 용서하소서.

당신을 사랑하는 저희들의 겸손된 보속을 받으시고 성자의 공로와 하나되어 저희의 행실로 많은 열매를 맺게 하소서.

영원하신 하느님 아버지, 세상을 불쌍히 여기시어 아직 의노의 때가 이르지 않게 하시고, 저희에게 자비를 베풀어 주소서.

예수님, 지극한 사랑이신 당신 성심에 의지하여 간구하오니, 온 세상의 사제와 선교사, 그리고 당신의 말씀을 전파할 의무를 지닌 모든 이를 당신 사랑과 영광을 위하는 불로 태우소서. 이들이 당신 영광을 위해 영혼들을 악마의 손에서 구하도록 도와주시어 당신 성심 안으로 모두 인도하게 하소서. 아멘.

겸손을 구하는 기도
◎ 하느님, 저희에게 자비를 베푸소서.

- ○ 마음이 착하시고 겸손하신 예수님,
- ● 저희의 기도를 들으소서.
- ○ 마음이 착하시고 겸손하신 예수님,
- ● 저희의 기도를 들어 허락하소서.
- ○ 존경을 받으려는 욕심에서,
- ● 예수님, 저희를 구하소서. (다음은 같은 후렴)
- ○ 사랑을 받으려는 욕심에서,
- ○ 칭찬을 받으려는 욕심에서,
- ○ 남보다 더 나은 여김을 받으려는 욕심에서,
- ○ 내 의견을 고집하려는 욕심에서,
- ○ 찬성을 얻어 내려는 욕심에서,
- ○ 지나친 도움을 바라는 마음에서,
- ○ 비하와 천대를 받을까 두려워하는 마음에서,
- ○ 멸시를 받을까 두려워하는 마음에서,
- ○ 냉대를 받을까 두려워하는 마음에서,
- ○ 조롱을 받을까 두려워하는 마음에서,
- ○ 욕설을 들을까 두려워하는 마음에서,
- ○ 겸손한 분의 모후이신 성모 마리아,

- 저희를 위하여 빌어 주소서.
○ 겸손한 분의 양부이신 성 요셉,
- 저희를 위하여 빌어 주소서.
○ 제일 먼저 교만을 꺾으신 성 미카엘,
- 저희를 위하여 빌어 주소서.
◎ 당신 마음의 착하고 겸손함을 배우라는 교훈을 가장 큰 가르침으로 주신 예수님, 저희가 당신을 따라 마음이 착하고 겸손한 사람이 되게 해 주소서. 아멘.

예수 성심과 성모 성심께 바치는 봉헌 기도

저는 지금 예수 그리스도의 지극히 거룩하신 성심께 제 몸과 생명과 행위와 괴로움과 수고를 모두 바치나이다. 이제부터 제 몸의 작은 부분이라도 성심을 공경하고 사랑하고 찬미하는 것 외에는 사용하지 않기로 굳게 결심하나이다. 저는 온전히 주님의 것이며 모든 것을 주님을 위해서 하고 주님의 거룩하신 뜻에 맞지 않는 것은 모두 마음에서 없앨 것을 약속하나이다.

지극히 거룩하신 예수 성심이시여, 당신은 제 사랑의 유일한 대상이시고, 생명의 주인이시며, 구원의 보증이시고, 나약함의 치료약이시며, 모든 잘못의 보상이시고, 죽을 때에 안전한 피난처시나이다.

자비가 깊으신 성심이시여, 저를 보호해 주시어 성부의 의노를 막아 주소서.

지극히 거룩하신 예수 성심이시여, 모든 신뢰를 당신께 두나이다. 저는 악하고 나약하오나, 당신 사랑을 굳게 믿고 바라오니, 주님, 저에게 당신의 뜻에 맞지 않거나 반대됨이 있다면 하나도 남기지 마시고 모두 태워 주소서. 당신 사랑이 제 마음을 차지하시어 당신을 잊거나 떠나지 않게 해 주소서. 당신의 무한한 사랑을 믿고 간구하오니, 제 이름을 당신 성심에 새겨 주시어, 영원히 지워지지 않게 해 주소서. 당신의 종으로 살다가 당신의 종으로 죽는 것이 더 없는 행복이며 영광이나이다.

예수 성심과 완전히 결합하신 성모 성심이시여, 성자 예수님 다음으로 제 마음을 차지하시기를 간절히 원하오며, 저를 온전히 당신께 바치나이다.

성모님, 당신은 항상 제 존경과 사랑과 그리움의 대상이 되옵소서. 저의 정과 사랑을 당신의 정과 사랑에 일치시켜 주시어, 당신의 아름다운 덕을 힘써 본받아 당신의 효성스런 자녀가 되고자 하나이다.

복되신 성모님, 저희에게 당신 성심을 열어 주소서. 당신의 진실한 자녀와 충실한 종으로 저희를 당신 성심에 받아 주시어, 당신께서 성자의 마음을 따르심과 같이 저희도 예수님 마음을 따르게 해 주소서. 위험이 닥쳐올 때 저희를 구해 주시고, 고통이 엄습할 때 저희를 위로해 주소서. 현세의 행복에서나 불행에서 주님의 뜻을 알 수 있도록 가르쳐 주시며, 이제와 영원히, 특히 죽을 때 저희를 보호해 주소서.

예수님과 성모님의 성심이시여, 저희가 몸과 마음을 바쳐 성심을 극진히 사랑하고 공경하오며 청하오니, 저희가 항상 성심의 충실한 자녀가 되도록 해 주소서. 아멘.

다윗 임금의 통회 기도

시편 51

3 하느님, 자비하시니 나를 불쌍히 여기소서,
  애련함이 크오시니 내 죄를 없이하소서
4 내 잘못을 말끔히 씻어 주시고,
  내 허물을 깨끗이 없애 주소서
5 나는 내 죄를 알고 있사오며,
  내 죄 항상 내 앞에 있삽나이다
6 당신께 오로지 당신께 죄를 얻었삽고,
  당신의 눈앞에서 죄를 지었사오니 ―
  판결하심 공정하고,
  심판에 휘지 않으심이 드러나리이다
7 보소서 나는 죄 중에 생겨났고,
  내 어미가 죄 중에 나를 배었나이다
8 당신은 마음의 진실을 반기시니,
  가슴 깊이 슬기를 내게 가르치시나이다
9 히솝의 채로 내게 뿌려 주소서,
  나는 곧 깨끗하여지리이다,

나를 씻어 주소서, 눈에서 더 희어지리다
10 기쁨과 즐거움을 돌려주시어,
   바수어진 뼈들이 춤추게 하소서
11 내 죄에서 당신 얼굴 돌이키시고,
   내 모든 허물을 없애 주소서
12 하느님, 내 마음을 깨끗이 만드시고,
   내 안에 굳센 정신을 새로 하소서
13 당신의 면전에서 날 내치지 마옵시고,
   당신의 거룩한 얼을 거두지 마옵소서
14 당신 구원, 그 기쁨을 내게 도로 주시고,
   정성된 마음을 도로 굳혀 주소서
15 악인들에게 당신의 길을 가르치오리니,
   죄인들이 당신께 돌아오리이다
16 하느님 날 구하시는 하느님이여,
   피 흘린 죄벌에서 나를 구하소서
   내 혀가 당신 정의를 높이 일컬으오리다
17 주여 내 입시울을 열어 주소서,
   내 입이 당신의 찬미 전하오리니

18 제사는 당신이 즐기지 않으시고,
   번제를 드리어도 받지 아니하시리이다
19 하느님, 나의 제사는 통회의 정신,
   하느님은 부서지고 낮추인 마음을
   낮추 아니 보시나이다
20 주여 인자로이 시온을 돌보시고,
   예루살렘의 성을 다시 쌓아 주소서
21 법다운 제사와, 제물과 번제를,
   그 때에 받으시리니
   그 때에는 사람들이 송아지들을
   당신 제단 위에 바치리이다

시편 130

1 깊은 구렁 속에서 주께 부르짖사오니,
2 주여, 내 소리를 들어 주소서,
   내 비는 소리를 귀여겨 들으소서
3 주께서 죄악을 헤아리신다면,
   주여 감당할 자 누구이리까

4 오히려 용서하심이 주께 있사와
  더더욱 당신을 섬기라 하시나이다
5 내 영혼이 주님을 기다리오며,
  당신의 말씀을 기다리나이다
6 파수꾼이 새벽을 기다리기보다,
  내 영혼이 주님을 더 기다리나이다
  파수꾼이 새벽을 기다리기보다
7 이스라엘이 주님을 더 기다리나이다
  주님께는 자비가 있사옵고,
  풍요로운 구속이 있음이오니
8 당신은 그 모든 죄악에서,
  이스라엘을 구속하시리이다

밤 조배

감실에서 울려오는 소리(마태오 신부)

 성심의 가정과 벗들이여, 저는 오래전부터 그대들에게 참으로 좋고 그리 어렵지 않은 한 가지를 간청하고자 하였습니다. 그대 가정의 천상 벗이신 예수 성심의 영광을 위하는 일입니다.

열성적이고 충실한 베타니아여, 예수 성심을 벌써부터 사랑하는 또는 지금부터 사랑하고자 하는 가정에 예수 성심께 밤 조배를 드리도록 간청합니다.

이 기도를 반드시 성당에 가서 해야만 하는 것은 아닙니다. 가정에서도 성체 앞에서처럼 사랑과 보속의 정신으로 기도하면 됩니다. 여러분에게 이를 간청하시는 분은 제가 아니라 예수 그리스도이십니다. 예수님께서는 슬픔에 잠기신 겟세마니에서 깊이 탄식하시며 베로니카 같은 영혼, 마르가리타 같은 영혼, 마리아와 같은 영혼들에게 임종의 고통을 당하고 계신 당신을 위로해 달라고 부르십니다.

물론 밤 조배를 하려면 많은 어려움이 따릅니다. 그러나 불가능한 일은 아닙니다. 생각해 보십시오. 밤에라도 누군가와 만나서 이야기를 하거나 가정의 여러 가지 일로 밤을 지새울 때가 있지 않습니까? 피로를 감수하고 친구를 위해서나 병자를 돌보는 일을 할 수 있다면, 우리를 사랑하시어 버림받고 모욕당하시는 예수님을 위해서도 밤 조배를 할 수 있지 않겠습니까?

신심 깊은 가정이여, 예수님을 사랑하는 열성에 타는 거룩하고 충실한 영혼들이여, 감실로부터 울려오는 소리에 귀 기울여 봅시다. 성체성사에 계신 예수님께서 당신의 성심을 내보이시며 말할 수 없는 근심에 빠져 계십니다. 특히 사탄이 범죄의 불을 지르며 세상을 두루 다니는 밤에 더욱 간곡히 소리치십니다.

보십시오. 밤만 되면 사방에서 번쩍거리며 사람들을 죄악으로 끌어들입니다. 영화관, 극장, 오락실, 술집 등 유흥 장소에 모여드는 군중들을 보십시오. 셀 수 없이 많은 사람들이 모여듭니다. 신자들 중에도 윤리적, 도덕적으로 문란하게 하는 영화나 연극에 참여하고 관람하는 사람들이 얼마나 많으며, 그리스도와 대치되는 장면에 호응하는 사람들은 또 얼마나 많습니까! 그리고 그런 것이 현 사회에 없어서는 안 될 것처럼 조장하고 묵인하는 경우가 얼마나 많습니까! 이는 예수님께 얼마나 큰 모욕을 드리는 것입니까! 이런 시간에 예수님께서는 홀로 감실 안에서 탄식하시고 채

찍으로 맞으시며 죽기까지 근심과 고통으로 괴로워하고 계십니다.

어느 때보다도 흉악한 죄악이 가장 많이 자행되는 밤에 예수님을 위해서 이만한 기도를 드리는 것이 무리입니까! 유다 이스카리옷은 예수님을 팔아넘기기 위하여 잠을 자지 않고 있습니다. 그를 따르는 이들도 그렇습니다. 그런데 주님의 사도며 벗이라는 그대들은 왜 항상 편히 자고만 있습니까? 밤 10시부터 아침 5시까지 조배할 영혼은 없는 것입니까? 제가 경험한 바로는 충분히 실천할 수 있습니다.

그러므로 저는 임종의 고통을 당하시는 예수 성심의 벗들의 문을 두드리며 한 달에 한 번만이라도 성체성사에 계신 예수님을 흠숭하며 예수님께서 친히 받으신 능욕을 보상하는 마음으로 밤 조배를 하기를 간청합니다. 사랑 자체이신 하느님을 위하여 가정에서 밤 조배를 한다면, 수많은 죄인들이 회개하여 주님께로 돌아올 것이고, 영적으로 눈멀고 절름발이가 된 이들이 보게 되고 걷게 될 것입니다. 또 수많은 아름다운 영혼이 태어날 것입니다. 그리고 예수님과 베타니아의 벗 사이에 맺어진 사랑의 약속은 훗날 기묘한 은총으로 돌려받을 것입니다. 꼭 그렇게 될 것입니다.

이 말씀을 예수 성심에서 울려 나오는 비통한 소리와 함께 듣고, 그 거룩한 뜻을 따르는 예수 성심의 진실한 벗이 되십시오. 감실 안에 홀로 계신 예수님께서 우리의 응답을 기다리십니다. 기도와 영성체로 예수님과 친밀히 만나게 될 때 대답해 드리십시오.

"예수님, 당신의 이름으로 씨를 뿌렸나이다. 이제 성심께서는 풍성한 영광의 추수를 거두시옵소서."

저녁 10시부터 다음 날 아침까지 밤새도록 온 가족이 번갈아 가며 그치지 않고 기도하면 더욱 좋으나, 그렇게 하기 어렵다면 한 시간 또는 30분, 10분이라도 기도하십시오.

묵주 기도

묵주에 달린 십자가에 입 맞추고 성호경을 긋고 사도신경을 바칩니다. 그리고 십자가 다음 알에서 주님의 기도 1번, 그다음 알

세 개에서 성모송을 1번씩 바친 후 영광송을 바칩니다. 이어서 구원을 비는 기도를 바칩니다. 그리고 신비(환희, 빛, 고통, 영광) 중 하나를 선택하여 제1단을 묵상한 후, 주님의 기도 1번을 바치고 다음 알에서 각 1번씩 총 10번 성모송을 바칩니다. 이어서 영광송, 구원을 비는 기도를 바치고 다음 단을 바칩니다. 제5단이 끝나면 성모 찬송을 바친 후 십자가를 잡고 성호경을 긋고 끝맺습니다.

환희의 신비

1단 ✧ 마리아께서 예수님을 잉태하심을 묵상합시다.

성모님께서 천사의 알림을 들으시고 성령으로 잉태하셨나이다. 성모님, 저희를 위하여 겸손의 덕을 빌어 주시어, 저희가 세상에서는 주님의 은총을 얻고, 죽어서는 주님의 영광을 얻어 누리게 하소서. 온 세상이 한마음으로 예수님의 강생을 찬미하오며 하느님 아버지께서 성자를 내려 주심에 감사드리나이다.

예수님께서 저희를 위하여 하늘에서 내려오심을 감사드리오며 성령께서 기묘한 공으로 예수님을 잉태하게 하심을 감사드리나이다. 성모님께서 천사의 알림을 받드시어 저희들을 영원한 죽음에서 구하실 구세주를 주심에 감사드리나이다.

2단 ◈ 마리아께서 엘리사벳을 찾아보심을 묵상합시다.

지극히 인자하신 성모님께서 태중의 예수님을 모시고 엘리사벳의 집에 가시어 축복해 주시고 모태의 세례자 요한에게 태중의 구세주를 반기게 하셨나이다.

성모님, 예수님과 함께 저희 마음에 오시어 저희가 그 은혜를 입고 맛들임으로써 하느님을 사랑하고 이웃을 사랑하는 덕을 얻게 하소서.

3단 ◈ 마리아께서 예수님을 낳으심을 묵상합시다.

예수님께서 베들레헴 고을에 나시어 외양간에 계셨나이다. 저희는 성모님과 모든 천사들과 함께 마음과 뜻을 합하여 아기 예수님을 흠숭하오며, 비록 비천한 처지에 계시오나 지존하신 하느님이심을 공경하여 경배하나이다. 성모님, 저희를 위하여 청빈의 덕을 빌어 주소서.

4단 ✣ 마리아께서 예수님을 성전에 바치심을 묵상합시다.

원죄 없으신 성모님께서 완전무결하신 예수님을 하느님께 봉헌하심을 찬미하오며, 저희와 모든 친지, 은인들을 성모님 손에 맡겨 드리나이다. 성모님, 저희를 하느님께 봉헌해 주시어, 저희의 몸과 마음이 깨끗해질 수 있도록 정결의 덕을 얻게 하소서.

5단 ✣ 마리아께서 잃으셨던 예수님을 성전에서 찾으심을 묵상합시다.

하느님 아버지를 향한 예수님의 열정과 성모님께 순종하심을 찬미하나이다. 성모님, 저희가 하느님 일에 열성을 다하고 순명의 덕을 얻도록 빌어 주소서.

빛의 신비
1단 ✣ 예수님께서 세례 받으심을 묵상합시다.

다시 한 번 자신을 낮추시어 세례자 요한에게 세례 받으신 예수님, 찬미하나이다. 성모님, 저희가 하느님 뜻을 따르기 위하여 자신을 온전히 비우고 가난한 마음을 얻도록 빌어 주소서.

2단 ◎ 예수님께서 카나에서 첫 기적을 행하심을 묵상합시다.

성모님의 청원으로 물을 포도주로 변하게 하시어 저희에게 믿음의 문을 열어 주신 예수님, 찬미하나이다. 성모님, 저희가 받은 모든 은총이 당신의 전구로 말미암은 것임에 감사드리오니, 저희를 위하여 믿음의 은총을 빌어 주소서.

3단 ◎ 예수님께서 하느님 나라를 선포하심을 묵상합시다.

하느님 나라를 가르쳐 주시고 하느님 사랑을 베풀어 주신 예수님, 찬미하나이다. 성모님, 저희가 자신의 부족함에 실망하지 않고 하느님의 자비를 신뢰하여 하느님 사랑 안에서 자유를 누릴 수 있도록 빌어 주소서.

4단 ◎ 예수님께서 거룩하게 변모하심을 묵상합시다.

수난의 고통을 이기시고 부활하실 모습을 미리 보

여 주신 예수님, 찬미하나이다. 성모님, 저희가 만나는 어려움들이 부활의 기쁨과 성령에 의해 변모된 삶을 위한 십자가임을 깨달을 수 있도록 빌어 주소서.

5단 ✠ 예수님께서 성체성사를 세우심을 묵상합시다.

저희와 한 몸이 되시어 영원한 생명을 주시고자 당신의 살과 피를 양식으로 내어 주신 예수님, 찬미하나이다. 성모님, 저희가 자주 영성체하고 성체 조배하여 저희의 사랑을 갈망하시는 예수님께 기쁨을 드릴 수 있도록 빌어 주소서.

고통의 신비

1단 ✠ 예수님께서 우리를 위하여 피땀 흘리심을 묵상합시다.

저희의 죄악으로 영혼이 죽음에 이르도록 근심하시고 마음이 부서지듯 아파하신 예수님, 저희도 주님과 하나 되어 괴로움을 나누며 저희 죄와 세상 만민의 죄를 속죄하게 해 주소서. 성모님, 저희가 온전히 주님의 거룩한 뜻을 따를 수 있도록 빌어 주소서.

2단 ⊙ 예수님께서 우리를 위하여 매 맞으심을 묵상합시다.

저희의 죄악을 보속하시고 성부의 의노를 풀어 드리기 위하여 온몸이 갈기갈기 찢어지도록 고통을 받으신 예수님, 저희도 주님을 본받아 기꺼이 고통을 참아 받으려 하오니, 성모님, 저희에게 인내의 덕을 빌어 주소서.

3단 ⊙ 예수님께서 우리를 위하여 가시관 쓰심을 묵상합시다.

저희의 교만한 죄를 보속하시기 위하여 가시관의 고통과 모욕을 겪으신 예수님, 저희가 이 세상에서는 가시관을 쓰다가 죽어서는 하늘나라에서 주님과 함께 영광의 화관을 쓰게 하소서. 성모님, 저희에게 모욕을 감내하는 덕을 빌어 주소서.

4단 ✠ 예수님께서 우리를 위하여 십자가 지심을 묵상합시다.

저희의 무거운 죄를 대신하여 십자가를 지시고 골고타에 오르신 예수님, 저희가 겪어야 할 모든 시련과 괴로움의 십자가를 붙들어 주시고 도와주시어, 주님을 따라 하늘나라에 들게 하소서. 성모님, 저희에게 굳센 용기의 덕을 빌어 주소서.

5단 ✠ 예수님께서 우리를 위하여 십자가에 못 박혀 돌아가심을 묵상합시다.

인류를 죄악에서 구원하시기 위하여 십자가에 못 박혀 돌아가신 예수님, 주님 십자가의 능력으로 세상 만민을 주님께 돌아오게 하소서. 정의를 위하여 몸 바치는 이들의 어머니이신 성모님, 저희에게 원수를 사랑하는 덕을 빌어 주소서.

영광의 신비

1단 ⊗ 예수님께서 부활하심을 묵상합시다.

예수님, 저희 영혼을 부활시켜 주시고 세상 끝 날에는 저희 육신을 영광 속에 부활하게 하소서. 성모님, 저희에게 굳센 믿음의 덕을 빌어 주소서.

2단 ⊗ 예수님께서 승천하심을 묵상합시다.

예수님, 저희를 강복해 주시고 저희가 있을 곳을 하늘에 마련해 주시어, 저희 마음이 땅을 떠나 하늘을 향하게 하소서. 성모님, 저희에게 견고한 희망의 덕을 빌어 주소서.

3단 ⊗ 예수님께서 성령을 보내심을 묵상합시다.

성부와 성자와 함께 사랑이신 성령님, 저희에게 오시어 주님의 빛으로 저희 마음을 채워 주시고 주님의 사랑으로 불타오르게 하소서. 성모님, 저희에게 성령의 빛과 사랑으로 영혼을 구할 수 있는 열정을 빌어 주소서.

4단 ✿ 예수님께서 마리아를 하늘에 불러올리심을 묵상합시다.

하늘에 오르시어 천국의 무궁한 복을 누리고 계신 성모님, 저희가 이 세상 눈물의 골짜기에 있음을 불쌍히 보시고, 성모님의 성심을 정성을 다해 공경하며 성모님의 덕을 본받게 하소서.

5단 ✿ 예수님께서 마리아께 천상 모후의 관을 씌우심을 묵상합시다.

하느님께서 성모님을 하늘의 모후로 세우시고 이 세상 자녀들을 보호하게 하셨나이다. 성모님, 교회에 평화와 일치를 주시고 주님의 가르침에서 빗나가지 않게 하시며 선에 항구하는 마음을 주시도록 하느님 아버지께 빌어 주소서.

구원을 비는 기도

예수님, 저희 죄를 용서하시며 저희를 지옥 불에서 구하시고 연옥 영혼을 돌보시며 가장 버림받은 영혼을 돌보소서.

성모 찬송

모후이시며 사랑이 넘친 어머니, 우리의 생명, 기쁨, 희망이시여, 당신 우러러 하와의 그 자손들이 눈물을 흘리며 부르짖나이다, 슬픔의 골짜기에서. 우리들의 보호자 성모님, 불쌍한 저희를 인자로운 눈으로 굽어보소서. 귀양살이 끝날 때에 당신의 아들 우리 주 예수님 뵙게 하소서. 너그러우시고, 자애로우시며 오! 아름다우신 동정 마리아님. 천주의 성모님, 저희를 위하여 빌어 주시어 그리스도께서 약속하신 영원한 생명을 얻게 하소서.

기도합시다.

하느님, 외아드님께서 삶과 죽음과 부활로 저희에게 영원한 구원을 마련해 주셨나이다. 복되신 동정 마리아와 함께 이 신비를 묵상하며 묵주 기도를 바치오니, 저희가 그 가르침을 따라 영원한 생명을 얻게 하소서. 우리 주 그리스도를 통하여 비나이다. 아멘.